KÖLSCH
PORTRÄT
EINER
SPRACHE

GEORG CORNELISSEN

KÖLSCH

PORTRÄT EINER

SPRACHE

GREVEN VERLAG KÖLN

Eine Veröffentlichung des LVR-Instituts für
Landeskunde und Regionalgeschichte

In Kooperation mit dem Kölner Stadt-Anzeiger

Lektorat: Johannes Klingen-Protti, Düsseldorf
Gestaltung: Thomas Neuhaus, Billerbeck
Satz: Thomas Volmert, Köln
Gesetzt aus der Palatino und der Univers LT
Lithografie: Prepress, Köln
Papier: Fly 06 – extraweiß
Druck und Bindung: Kösel, Altusried-Krugzell

ISBN 978-3-7743-0901-2

Detaillierte Informationen über alle unsere Bücher finden Sie unter:
www.greven-verlag.de

Geleitwort

Fragen darf man ja alles. Doch es gibt Fragen, die erledigen sich von selbst. Beispielsweise die, ob die Natur Sonne oder Regen braucht. Ähnlich ist es mit der wohl unvermeidlichen Frage, ob Kölsch denn nun – außer einem Getränk – eine Sprache oder ein Dialekt sei. Beides, antwortet die Sprachwissenschaft und macht zugleich klar, dass dies nicht Beliebigkeit meint. Entscheidend ist die Perspektive.

Mit ihrem eigenen Wortschatz und Lautinventar sowie einer eigenen Grammatik steht Kölsch als eigenständige Sprache durchaus in einer Reihe beispielsweise mit Russisch und Niederländisch, mit Deutsch oder Litauisch. Allesamt sind sie Verwandte der indoeuropäischen Sprachfamilie (aus der Schulzeit uns eher als »indogermanisch« geläufig). Zum Dialekt aber wird Kölsch unter dem Dach der deutschen Hochsprache. Da ist es eine von mehreren »Sprechsprachen« mit regional begrenztem Geltungsraum, so wie das Schwäbische oder das Platt norddeutscher Prägung.

Sprache ist identitätsstiftend. In ihr »beheimatet zu sein« empfand die Schriftstellerin Hilde Domin im erzwungenen Exil als tröstlich, geradezu lebenserhaltend. »Uns Sproch es Heimat«, auch dieses Motto des Kölner Karnevals 2019 fokussiert die nestwärmende Kraft von Sprache. Sie integriert, erst recht, wenn sie regional begrenzt ist. Nicht minder aber kann sie dann auch abschotten, gar zur Ausgrenzung anderer instrumentalisiert werden.

Die Bindungsforschung weist heute nach, wovon Märchen und Volksweisheiten schon immer kündeten: Früheste Beziehungen sind bedeutsam für unseren Identitätsaufbau. Und wenn's da mal hakt, schmücken wir die Wirklichkeit so aus, wie wir sie gerne hätten. Jedenfalls soll herauskommen, dass wir richtig sind. Dass wir auf der richtigen Seite stehen, uns mit den richtigen Menschen, in der richtigen Sprache bewegen. Da geht's um Nuancen. Die können zum Glaubensbekenntnis werden. Unter rheinischen Heimatfreunden kennt die Gretchenfrage, ob Katholisch oder Evangelisch zum Seelenheil führen, eine säkulare Variante: »J« oder »G«? Schreibt man »mach et jot« oder »mach et got«?

In dieser oftmals aufgeladenen Atmosphäre gut gemeinten Halbwissens erscheint nun dieses Buch wie ein Gegenentwurf. Aus der Sprachwissenschaft kommt es so fundiert wie unaufgeregt einher, dass man es sachlich-nüchtern nennen möchte, wenn es nicht so unterhaltsam geschrieben wäre. Gleichwohl verlangt es dem Leser mehr Anstrengung ab als den flüchtigen Blick auf jene Bierdeckel, die uns für einen flotten Spruch schon als Kölschkenner adeln.

Georg Cornelissen, Leiter der Sprachabteilung im LVR-Institut für Landeskunde und Regionalgeschichte, gewinnt seine Erkenntnisse nicht nur aus phonetischen Computeranalysen und alten Folianten, sein Ohr ist auch ganz nah bei Volkes Stimme. Wer sich seiner differenzierten wie gewitzten Sprachanalyse anvertraut, wird von ihm mit einer Erkenntnis belohnt, die Kölsche zwar immer schon wussten, nun aber wissenschaftlich bestätigt sehen können: »Keine andere Stadt hat die Dialektlandschaft des Rheinlands so stark geprägt wie Köln – und das über Jahrhunderte hinweg.«

Dem kölschen Selbstgefühl, eine »Weltsprache« zu sprechen, muss der Forscher aber einen Dämpfer erteilen. Verständlich.

Denn wäre es anders, hätte sich der US-amerikanische Präsident sein Gedöns um »America first« schenken können. *USA alaaf!* hätte gereicht. Klingt anders, meint aber das Gleiche.

Köln, im September 2018
Wolfgang Oelsner

Ich schwade Kölsch

Kölsch und Platt: Es gibt, wenn man einmal vereinfacht, zwei Dialekte im Rheinland. Kölsch, als rheinische »Supermacht«, ist in ganz Deutschland bekannt. Platt kommt in Gestalt Hunderter oder Tausender Dialekte daher. Man spricht also Kerpener Platt, Vorgebirgsplatt, Eifler Platt, Siegburger Platt … Zum Mehrwert des Kölschen haben viele Kulturschaffende beigetragen: Willi Ostermann, Willy Millowitsch (obwohl der im Fernsehen eher ein rheinisch gefärbtes Umgangsdeutsch sprach), Lotti Krekel, die Bläck Fööss, Wolfgang Niedecken und viele andere mehr.

In diesem Buch wird Kölsch aus zwei verschiedenen Blickwinkeln beleuchtet: aus der Sicht der Kölner und Kölnerinnen und aus der Außenperspektive. Dabei werden ganz verschiedene Themen angesprochen, zum Beispiel die Zahl der Kölsch-Sprecher, die deutschlandweite Bekanntheit des Kölschen und auch der Beitrag der Musikszene dazu. Beantwortet wird auch die häufig gestellte Frage, ob Kölsch denn nun Dialekt oder Sprache ist. Das Kölner Sessionsmotto 2019 lautet »Uns Sproch es Heimat« (siehe Seite 152). Wer will, kann das vorliegende Buch auch als Erklärung dafür lesen, warum dieses Motto in Köln förmlich »in der Luft« lag.

Auf einem Sprachfragebogen für das Rheinland sollte kürzlich, 2017/18, der Satz »Ich spreche Platt« in das örtliche Idiom übertragen werden. Aus Köln stammen die folgenden Übersetzungen:

Ich spreche Kölsch. Zollstock
Isch spresch Kölsch. Bickendorf
Isch kall Kölsch. Nippes/Longerich
Ich schwaad Kölsch. Riehl
Isch bubbele Kölsch. Riehl
Ich kalle/spreche/redde Kölsch. Innenstadt
Ich spreche/kalle/bubbele Kölsch. Nippes

In Köln wurde Platt in den meisten Fällen durch *Kölsch* ersetzt. Die Kölner und Kölnerinnen *spreche* und *redde* Kölsch, aber sie *schwade, kalle* und *bubbele* auch Kölsch: Das Kölsche ist reich an Vokabeln, die in der Schule nicht gelehrt werden.

»Kölsch – Porträt einer Sprache«. Wie entsteht ein solches Sprachporträt? Unverzichtbar sind Tonaufnahmen, die analysiert werden. Unverzichtbar ist auch die direkte oder indirekte Befragung von Menschen in Köln; mit Hilfe von Fragebogen, also einer indirekten Methode, lassen sich sehr effektiv Auskünfte über das Kölsche oder Informationen über das Sprachverhalten in Köln sammeln. Je größer die Zahl der Befragten dabei ist, umso mehr steigt die Chance, die in Köln tatsächlich verbreiteten Varianten zu erfassen. Selbst wer von Kindesbeinen an Kölsch spricht und bislang sein ganzes Leben in Köln verbracht hat, kann deshalb in den Ergebnissen solcher Untersuchungen noch auf Neuigkeiten stoßen. Auch nach der Schließung der Abteilung Sprachwissenschaft in der Akademie för uns kölsche Sproch – die Erforschung des Kölschen muss fortgeführt werden! Denn es gibt noch so vieles, was wir nicht wissen. Wobei es auf der Hand liegt, dass ein Porträt der Kölner Sprache wohl niemals ganz fertiggestellt werden kann. – Damit zurück zum Sprachfragebogen von 2017/18:

Ich kalle Platt. Nippes
Ich sprech Platt. Höhenhaus
Isch schwade Platt. Dünnwald

In Köln wird aber auch *Platt* gesprochen, wie die drei Beispiele aus Nippes, Höhenhaus und Dünnwald belegen. Man könnte argumentieren, dass auf dem Dialektfragebogen ja »Platt« vorgegeben worden war: Wer dann in Köln *Platt* schrieb, habe lediglich eine Echoform zu Papier gebracht – also nachgeplappert! So einfach ist es aber dann doch nicht. Eine Studie in Dünnwald hat 2014 etwa gezeigt, dass dort *Kölsch* und *Platt* tatsächlich als Bezeichnungen für das eigene, in Dünnwald gesprochene Idiom konkurrieren (siehe Seite 54). Woran sich die Frage anschließt, ob sich das Platt beziehungsweise das Kölsch im rechtsrheinischen Dünnwald vom Kölsch im Severinsviertel oder vom Kölsch (vom Platt?) in Nippes unterscheidet. Was ist eigentlich Kölsch? Eine Gewährsperson aus Marienburg schrieb: *Ich sprech Kölsch (es ja kei Platt!).* Stimmt das?

Die Fragebogenaktion lief vom Oktober 2017 bis zum Februar 2018. Für Pesch, gelegen im Norden des linksrheinischen Teils der heutigen Großstadt, wurde dabei ein Bogen ausgefüllt, auf dem zu lesen war: *Ich kann Kölsch. Oder: Ich spreich' Platt.* Offensichtlich gilt hier sowohl Kölsch als auch Platt. Das *ei* in *spreich'* wird viele überraschen: Ist das (auch noch) Kölsch? Wer selbst Kölsch beherrscht, würde hier vermutlich *spreche* erwarten, vielleicht mit *ä* geschrieben – aber *spreiche*? Adam Wrede nennt in seinem »Neuen kölnischen Sprachschatz« nur die Lautform *spreche*.

Einige Male bezeichneten die Fragebogenbearbeiter ihre Sprache auch als *kölsch Platt* (in unterschiedlicher Schreibung); zwei Beispiele:

Ech schwade Kölschplatt. Riehl/Porz
Ich redde Kölsch Platt. Holweide

Dass das Kölsche sich nicht nur in Wortschatz und Lautung, sondern auch in der Grammatik vom Standarddeutschen unterscheidet, zeigten die folgenden Varianten:

Ich dun Kölsch schwade. Höhenberg
Ich dunn Kölschplatt kalle. Poll

Neue Aspekte brachten diese beiden Antworten ins Spiel:

Ich schwade en der Mungkaat op kölsch. Altstadt-Nord
Ich spreche hudütsch und Kölsch. wohnhaft in Ensen

Ist Kölsch also eine Mundart *(Mungkaat)*, was mit Dialekt gleichzusetzen ist? Oder ist es, wie in Köln oft zu hören, eine Sprache? Das scheint doch schon der Name der Akademie för uns kölsche Sproch nahezulegen. Alle, die heutzutage Kölsch sprechen, verwenden daneben auch das Hochdeutsche: Was bedeutet das für die beiden Sprachen, was für die Menschen, die sich zwischen diesen Sprachen immer wieder neu zu entscheiden haben?

Auf einem anderen Fragebogen für Zollstock war ein Satz zu finden, den man immer wieder in Köln hören kann: *Ich spreche Kölsch, die einzije Sproch, die mer och drinke kann.* Dass Kölsch eine besondere Sprache ist *(die einzije Sproch, die …)*, wird in diesem Buch unter sehr verschiedenen Blickwinkeln thematisiert: Kölsch wird vorgestellt als eine Sprache, die besonders interessante Vokabeln aus der Römerzeit bewahrt hat. Und als eine Sprache, in der die vielen französischen Lehnwörter auffallen. Kölsch wird hier beschrieben als ein Dialekt mit überdurchschnittlich vielen Sprechern – aber gilt das tatsächlich heute noch immer? Thematisiert wird auch, wie Kölsch die Sprachlandschaft des Rheinlands geprägt hat und noch heute prägt – so dass oft gar nicht zwischen Kölsch und Rheinisch unterschieden wird. Ferner wird hervorgehoben, dass in keiner anderen Stadt Deutschlands die eigene Sprache stärker ist, wenn es um die literarische Produktion und um die Präsenz auf musikalischer Ebene geht. Ist Kölsch (und damit ist immer noch nicht das Bier gemeint) nicht inzwischen sogar zu einer Marke geworden?

Noch einmal zurück zu dem Sprecher aus Marienburg, der die Behauptung aufstellte: *Ich sprech Kölsch (es ja kei Platt!).* Vielleicht hat er vor dem Ausfüllen des Fragebogens auch nur intensiv seinen Wrede konsultiert. Adam Wredes Sicht auf Kölsch und Platt findet sich etwa in einem Satz zum Stichwort *spreche*, wo er aus seinem *Hätz* keine Mördergrube macht und frank und frei formuliert: *»Mer muß ech (echt) Kölsch, nit ordinär, jemein Platt un och nit Kölsch met huhdütsche Knubbele spreche.«* Platt ist für ihn *»ordinär«* und *»jemein«*, Kölsch klingt besser, zumindest dann, wenn man *»ech«* Kölsch spricht. Er warnt dann auch noch vor *»Kölsch met huhdütsche Knubbele«*, was gern durch »hochdeutsche Knaubeln« übersetzt wird.

Ich schwade Kölsch: Dieser Satz wurde bei der Fragebogenaktion 2017/18 aus den verschiedensten Stadtteilen gemeldet. Etwa als *Ech schwad Kölsch* für Deutz oder als *Isch schwaden Platt* für Rodenkirchen/Sürth. Dass Kölsch – diese alte Sprache, dieser große Dialekt – mit einer Fülle von Varianten aufwartet, wird sich wie ein roter Faden durch dieses Buch ziehen.

Beiderlei Kölsch: mit Kölsch gefüllte »Stange«, von der Akademie för uns kölsche Sproch 1993 aus Anlass ihres zehnjährigen Bestehens herausgegeben

Die mittelalterlichen Wurzeln

Altkölsch

Heute gibt es noch einige Wörter im Kölschen, die genauso klingen wie vor 1000 oder 1500 Jahren. *Huus* und *Muus,* »Haus« und »Maus«, wären zwei Beispiele. Andere kölsche Vokabeln aus jener Zeit sind längst ausgestorben, *wisduom* »Weisheit« oder *siginuft* »Sieg« etwa. Eine Jahreszahl ist besonders wichtig, wenn es um die Frühgeschichte des Kölner Idioms geht: 496 nach Christi Geburt.

Das Römische Reich war untergegangen, germanische »Stämme« eroberten Teile des früheren Imperiums und siedelten sich dort an. Im Jahr 496 besiegten die Franken in der Schlacht bei Zülpich die konkurrierenden Alamannen (Alemannen), die zogen sich im Anschluss nach Süden zurück. Zehn Jahre später wiederholten die Franken ihren Sieg in der Schlacht bei Straßburg. Die Sprache der Alamannen wurde im Anschluss prägend für den Südwesten des deutschen Sprachraums, »Alemannisch« werden heute die Dialekte in Baden-Württemberg und in der deutschsprachigen Schweiz genannt.

Nach dem Sieg bei Straßburg ließ der Frankenkönig Chlodwig seine in Köln herrschenden Verwandten ermorden. Im Anschluss vereinigte er die beiden bis dahin bestehenden fränkischen Reiche. Damit war der Rahmen gegeben, innerhalb dessen sich die Sprache des Rheinlands entwickeln konnte.

Huus und *Muus:* Am nördlichen Niederrhein lauten die Entsprechungen dieser beiden Wörter heute *Hüss* und *Müss,* in

Koblenz *Hous* und *Mous*. Dagegen hat sich in Köln und in den Orten der näheren und weiteren Umgebung der lange *u*-Laut gehalten, der in diesen Wörtern schon zu Chlodwigs Zeiten zu hören war. Bei *Muus* ist sich die Sprachwissenschaft sogar sicher, dass das Wort – in genau dieser Lautung! – noch sehr viel älter ist: *Muus* gehört zu jener indoeuropäischen Sprachstufe, auf die man neben anderen die germanischen, die romanischen und die slavischen Sprachen und auch das Altpersische und das Altindische zurückführt. Die romanische Bevölkerung Kölns, auf die die Franken stießen, dürfte das kleine Nagetier genauso genannt haben wie die neuen Herren: im Lateinischen *mus* oder *mvs* geschrieben. Doch das Lateinische, die lateinische Sprechsprache, ging auf die Dauer am Rhein unter, während die Sprache der Franken zur Landessprache wurde. Man könnte das Kölsche also auch »Fränkisch« nennen.

Knollendörp

Im Jahr 1876 verschickte ein Düsseldorfer einen Dialektfragebogen an die Schulen im Rheinland, genauer: an die Schulmeister im Gebiet zwischen Kleve und Mosel. Der Bogen enthielt 42 hochdeutsche Sätze, die vor Ort in den Dialekt übertragen werden sollten. In Köln wurde Satz 14 wie folgt übersetzt: »*De Boren hatte fünf Òhße un nüng Köh un zehn Schöfcher vör et Dörp gebraht.*« In der Vorlage hatte gestanden: »Die Bauern hatten fünf Ochsen und neun Küh und zehn Schäfchen vor das Dorf gebracht.« Das »Dorf« hieß damals auf Kölsch also *Dörp*.

Absender des Fragebogens war Georg Wenker. Er führte einige Jahre später im gesamten Deutschen Reich eine ganz ähnliche Fragebogenaktion durch, jetzt mit 40 Sätzen; »Dorf« kam darin wieder vor. Im Rheinland versandte Wenker seinen neuen

Fragebogen 1884/85; der Kölner Lehrer Jac. Broichmann, der damals an der Bezirksschule St. Peter, *»Zi Pitter«*, unterrichtete, notierte wieder *»Dörp«*. Wenkers Ergebnisse wurden zur Grundlage der Dialekteinteilung im Rheinland (und im übrigen deutschen Sprachraum). Kölsch wird danach, weil man hier *mache* und nicht *make* »machen« sowie *Dörp* und nicht *Dorf* sagte, dem ripuarischen Dialektgebiet zugerechnet.

Die entsprechende Einteilungskarte für die Dialekte dieses Raumes nennt als bedeutendste Grenzlinie die »Benrather Linie«. Sie läuft – wie auf der Karte sichtbar – in westöstlicher Richtung durch das Rheinland und überquert den Rhein bei Benrath (Düsseldorf-Benrath). Nördlich dieser Linie wird Niederfränkisch und Westfälisch gesprochen. Südlich der Linie schließen sich von Nord nach Süd an: Ripuarisch mit dem Kölschen in seiner Mitte, Moselfränkisch um Siegen, Koblenz und Trier und dann noch Rheinfränkisch. Die Dialekte entlang des Rheins nähern sich nach Süden hin immer weiter dem Hochdeutschen oder Süddeutschen an. Umgekehrt formuliert: Wandert man am Rhein nach Norden, wird man immer mehr nördliche, niederrheinische Lautvarianten hören.

Vermutlich zwischen dem 6. und dem 8. Jahrhundert hat sich im Kölschen ein tiefgreifender Lautwandel vollzogen. Man vergleiche die niederrheinischen Lautvarianten *make* und *Köök* (für »machen« und »Küche«) mit *mache* und *Köch* in Köln: Das Kölsche hat in dieser Zeit das alte niederrheinische *k* zugunsten des süddeutschen *ch* aufgegeben. Man vergleiche auch niederrheinisch *Seep* »Seife« und *suppe* »saufen« mit kölsch *Seif* und *suffe*, und schließlich niederrheinisch *äte* »essen« und *Hatt* »Herz« mit kölsch *esse* und *Hätz*. Altkölsch hatte sich in diesen Fällen noch wie das Niederrheinische durch *k, p* und *t* ausgezeichnet; durch den Lautwandel in Köln und in dessen Umgebung drifteten der Niederrhein und der Mittelrhein dann sprachlich auseinander. In

Kölsch im Rheinischen Fächer

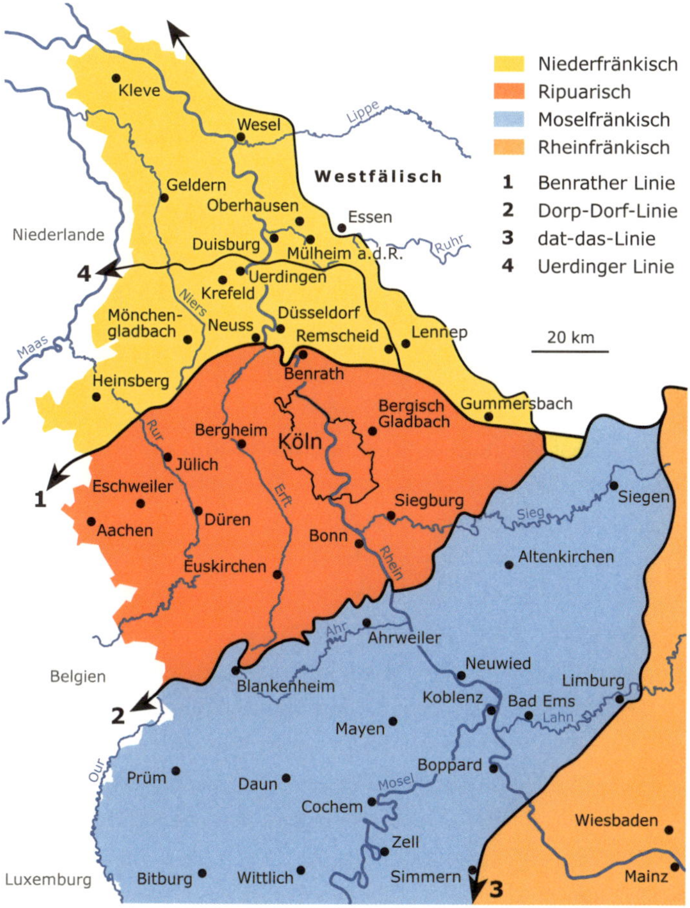

Zwischen Benrather Linie und *Dorp-Dorf*-Linie: das ripuarische Dialektgebiet (rot) mit Kölsch in seiner Mitte

Lehrbüchern wird dieser Wandel als »Zweite Lautverschiebung« behandelt.

Im Kölschen und in den anderen ripuarischen Dialekten sind alte niederrheinische Lautvarianten in *Appel* und *kloppe* zu hören, in *dat* und *wat* oder auch in *helpe* und *Dörp*. Deshalb wohnte das *Hännesje*, Protagonist der nach ihm benannten Bühne in Köln, ja auch in *Knollendörp* und nicht in *Knollendorf*.

Die Benrather Linie ist im Kern die *make-mache*-Linie. Der Linienverlauf, wie er auf der Karte abzulesen ist, entspricht den Sprachverhältnissen in der zweiten Hälfte des 19. Jahrhunderts. Man geht allerdings davon aus, dass sich das Liniensystem zwischen dem Jahr 1000 und dem 19. Jahrhundert nicht grundlegend verschoben hat. Also lässt sich festhalten: Die große Lautverschiebung, die im ersten Jahrtausend die Sprachlandschaft am Rhein umgekrempelt hat, kam im Norden nicht wesentlich über Köln hinaus. Der ebenfalls fränkische Sprachraum um Remscheid, Mönchengladbach, Duisburg und Kleve blieb bei den alten Lautformen mit *k, p* und *t: make, suppe, äte*. Die *Dorp-Dorf*-Linie trennt das Ripuarische vom Moselfränkischen, die *dat-das*-Linie das Moselfränkische vom Rheinfränkischen. Das Rheinfränkische reicht im Süden schließlich bis dorthin, wo im Dialekt aus dem *Appel* der *Apfel* wird. Die Darstellung der Karte endet im Westen an der heutigen Staatsgrenze. Ripuarisch sprechende Orte gibt es jedoch auch im Osten der Niederlande und in Ostbelgien.

Geht man vom kölschen *Dörp* aus, könnte die *Dorp-Dorf*-Linie natürlich auch *Dörp-Dorf*-Linie heißen: Es geht um den *p-f*-Gegensatz. Am Niederrhein kann *Dörp* auch als *Därp* und sogar als *Darp* auftauchen. Das kölsche *Dörp* geht auf *dorp* zurück, das wiederum auf altkölsches *thorp,* bei dessen Anlaut man ruhig an das englische *th* denken darf.

Aus *Knollendörp* ist im Hänneschen-Theater inzwischen *Knollendorf* geworden. Das entspricht dem Lautwandel im Köl-

Dörp/Dorf

ILR-Fragebogen 11 (2017/18)

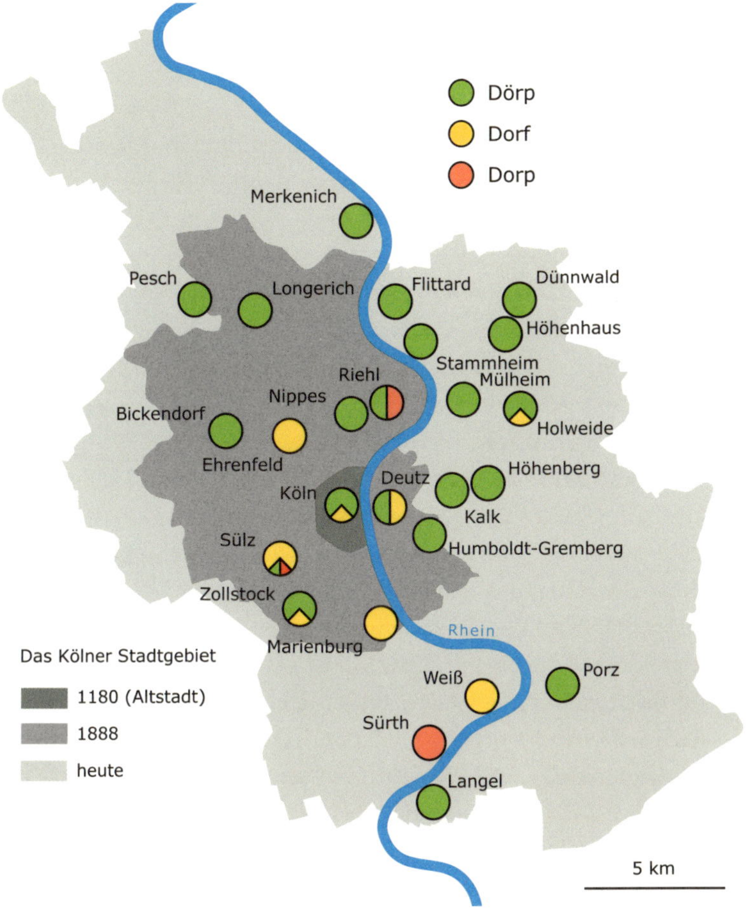

Früher hieß es überall im Kölner Raum *Dörp* (oder *Dorp*). Heute wird dagegen auch *Dorf* (gelb) gesagt.

schen: Ende 2017 hat das LVR-Institut für Landeskunde und Regionalgeschichte den genannten Dialektfragebogen in Umlauf gebracht. Gefragt wurde darauf auch nach der Aussprache von »Dorf«. Für das Kölsche wurden von den Gewährspersonen in munterem Wechsel *Dörp* und *Dorf* genannt. Das heißt: Die *Dorp-Dorf*-Linie befindet sich derzeit in Auflösung.

Der Name des Liniensystems, das aus der Benrather, der *Dorp-Dorf-* und der *dat-das*-Linie besteht, lautet »Rheinischer Fächer«, weil es die Form eines aufgeklappten Fächers hat. Die Karte (siehe Seite 19) zeigt das Liniensystem, wie es sich vor dem Jahr 1000 herausgebildet hat. Erst Jahrhunderte später kam nördlich der Benrather Linie noch eine weitere Grenzlinie dazu: Die »Uerdinger Linie«, die nordniederrheinisches *ek* von südniederrheinischem *ech* »ich« trennt. Der Dialektraum um Mönchengladbach, Krefeld und Remscheid, heute *ech,* hat sich damit dem Kölschen angenähert.

Zwei Punkte sind nachzutragen. Erstens: 1876 erhielt Georg Wenker einen weiteren ausgefüllten Fragebogen aus der Kölner Innenstadt. Der zweite Lehrer hatte den Satz 14 wie folgt übersetzt: *»De Boore hann fünf Ohße, nüng Köh un zehn Schöfsche för et Dörp gebraht.«* In *»gebraht«* wurde natürlich ein *j-* gesprochen. Zweitens ist eine weitere altkölsche Lautvariante zu erwähnen, die bis heute verwendet wird: *söke* »suchen«. Sie ist identisch mit der niederrheinischen Form und enthält dasselbe *k* wie niederländisch *zoeken*.

HIR MAHT THU LERNAN

Gäbe es kölsche Tonaufnahmen aus dem 9. oder 10. Jahrhundert – kein Mensch in Köln könnte sie heute verstehen. Einzelne Wörter wie *Huus* oder *Muus* ließen sich heraushören, aber Sätze und Zusammenhänge blieben unverständlich. Das hat verschiedene Gründe. Damals sprach man in Köln noch »volle Endsilbenvokale«, wie sie in einer Inschrift, die vermutlich aus dem 9. Jahrhundert stammt, dokumentiert sind:

HIR MAHT THU LERNAN GVLD
BEWERVAN WELOG INDE WIS
DVOM SIGINUFT INDE RVOM

Übersetzt: »Hier kannst du lernen, Gold zu erwerben, Reichtum und Weisheit *(WISDVOM)*, Sieg und Ruhm.«

Die Inschrift war ursprünglich vielleicht einmal über dem Eingang zu einer Bibliothek in Köln angebracht. Der Stein, in den die Inschrift eingemeißelt war, ist seit Jahrhunderten verschwunden, erhalten sind jedoch alte Abschriften, wobei zwei der insgesamt zwölf Worte von Sprachhistorikern ergänzt wurden. In *lernan* und *bewervan* ist der »volle« Vokal *a* zu lesen. Damals war der *Appel* auch noch ein *appul* »Apfel«, statt *Name* oder *Nam* hieß es noch *namo* »Name«. Im Laufe der Jahrhunderte wurde aus diesen »vollen« Vokalen ein »blasses« *ə*, das in geschriebenen Texten als *e* auftauchte.

Das Kölsche jener Zeit hatte noch Laute, die uns heute nicht mehr bekannt sind: So wird auch der Anlaut in *thu* »du« wohl wie das englische *th* geklungen haben. Vokabeln wie *welog, wisdvom* oder *siginuft* fehlen in jedem modernen Kölsch-Wörterbuch.

Nach der Wende zum 2. Jahrtausend wurden viele Wörter im Kölschen um eine Silbe gekürzt. Aus *hane,* entstanden aus *hano,* wurde *Hahn* »Hahn«, aus *panne,* entstanden aus *panna,* wurde *Pann* »Pfanne« oder aus *porze,* entstanden aus *porza, Pooz* »Tor«. Ein dritter Prozess betraf das auslautende *n,* wie es in *lernan* und *bewervan* in der Inschrift noch zu lesen war. Damals wurde es auch gesprochen! Erst mehr als ein halbes Jahrtausend später kam es zur Tilgung des auslautenden *n* in der unbetonten Nebensilbe *-ən*. So entwickelte sich *lehren* zu *lehre* »lernen«, *kallen* zu *kalle* »sprechen«, *schrieven* zu *schrieve* »schreiben«. Auch in den Mehrzahlformen des Nomens verschwand das *-n: Minsche* »Menschen«, *Panne* »Pfannen« oder *Täsche* »Taschen« hatten alle einmal einen Wortausgang wie heute noch das Standarddeutsche. Analog dazu hörte man auch in den Verkleinerungsformen wie *Hännesje* »Hänschen«, *Pittermännche* »Petermännchen« oder *Strüssje* »Sträußchen«, alle in der Einzahl, einst dieses schließende *n*.

HIR MAHT THU LERNAN wäre im Kölsch des 21. Jahrhunderts vielleicht mit *He kannste lehre* zu übertragen. Statt *lehre* wäre auch mit *liere* zu rechnen (siehe Seite 62).

Wortgeschichten: *Kall, Mösch, Pooz* und *Kölle*

Schon lange bevor die Franken 496 in der Schlacht bei Zülpich die Alamannen besiegt hatten und Chlodwig zum König aller Franken aufgestiegen war, lebten in Köln Lateinisch sprechende Romanen und Fränkisch sprechende Germanen zusammen. Die Zeit des Miteinanders und damit auch des Sprachkontakts hat in der Stadt am Rhein bereits Mitte des 4. Jahrhunderts begonnen. In seinem Buch über »Köln in römischer Zeit« erklärt Werner Eck dazu:

> Wie groß zu Beginn der Anteil der Franken war, die innerhalb der Mauern siedelten, läßt sich den Quellen nicht entnehmen. Manche haben ganz sicher außerhalb der Mauern ihre bäuerlichen Kleinsiedlungen erbaut. Aber daß Franken auch im Kern wohnten, ergibt sich allein aus Salvians Geschichte von der Witwe, die Tagelöhnerdienste

bei den Frauen fränkischer Bewohner Kölns annahm. In der zweiten Hälfte des 5. Jahrhunderts, um 460, wurden bereits zwei Knaben, die nach den Beigaben nur Franken gewesen sein können, und die sicher aus einer führenden Familie stammten, in St. Severin bestattet: Vor allem die fränkische Wurfaxt, die Franziska, weist sie als Mitglieder einer fränkischen Familie aus. Dennoch darf man davon ausgehen, daß ein nicht ganz unbeträchtlicher Teil der bisherigen, also römischen oder romanisierten Bevölkerung in Köln verblieb.

Dem lateinisch-fränkischen Sprachkontakt verdanken wir viele Vokabeln des Kölschen. Prägnante Beispiele sind *Kall* »Rinne«/»Dachrinne, *Mösch* »Spatz«, *Pooz* »Tor« und auch der Name der Stadt selbst: *Kölle*.

Kall geht auf lateinisch *canalis* »Röhre«, »Rinne« zurück. Leicht zu erkennen ist, dass das hochdeutsche *Kanal* denselben Ursprung hat. Im Kölschen ist *canalis* im Laufe der Zeit stark verkürzt worden, es besteht heute nur noch aus einer Silbe mit gerade einmal drei Lauten (das doppelte *l* schreiben wir ja nur, gesprochen wird lediglich ein Laut). Im 20. Jahrhundert scheint sich *Kall* in den Dialekten des Rheinlands weiter ausgebreitet zu haben, zum Westen, Norden und Osten hin. Kölsche Sprachelemente – das wird später noch ausführlich thematisiert – haben das Rheinland von jeher besonders stark geprägt.

Auch *Mösch* »Spatz« ist ein lateinisches Lehnwort; als Ausgangsform nimmt man *muscio* (oder *muscia*) an. Dass *Mösch* im Kölschen wiederum zu einem einsilbigen Wort werden konnte, lässt sich mit dem Verweis auf die Schwächung der vollen Endsilbenvokale und auf die spätere Tilgung des blassen -*ə* erklären. Am unteren Niederrhein bezeichnet das Wort den »kleinen Vogel allgemein«, südlich der Mosel kann so auch schon einmal die »Grasmücke« genannt werden.

Die kölsche *Pooz* und die hochdeutsche *Pforte* verdanken sich beide der lateinischen *porta*, wie sie sich im Namen der *Porta Nigra* »Schwarzes Tor« in Trier erhalten hat. Die Kölner Lautentwicklung zu *Pooz* wurde bereits skizziert (siehe Seite 23): *porta* > *porza* > *porze* > *Porz/Pooz*. In seinem Kölner Wörterbuch nennt Adam Wrede als erste Bedeutung von *Pooz* »Stadttor«, und er ergänzt: »vorzüglich Bezeichnung für ein solches der vielhundertjährigen Ringmauer, noch heute *Eigelsteins-, Hahne-, Severins-* oder *Vringspooz*«. Zu ergänzen ist hier die *Ülepooz*. Dass der Verein der Freunde und Förderer der *Ühlepooz* eine Schreibung mit *h* gewählt hat, steht auf einem anderen Blatt. Der erste Teil des Namens geht letztlich ebenfalls auf ein altes lateinisches Wort zurück: auf *olla* »Topf«. In der *Ülejass* wohnten einmal die Töpfer Kölns, da steht auch die *Ülepooz*. Im Hochdeutschen heißt dieses Tor *Ulrepforte*. *Pforte* ist wie *Pooz* ein lateinisches Lehnwort, nur dass im Fall von *Pforte* der Wortanfang verhochdeutscht wurde *(p > pf)*, während der erste Laut der zweiten Silbe das lateinische *t* konserviert hat. Das Kölsche ist umgekehrt verfahren und hat im Rahmen der Lautverschiebung (siehe Seite 18) das *t* zu *z (= ts)* werden lassen. Bleibt nachzutragen, dass man anderswo in Deutschland unter einer *Pforte* eher eine (kleine) Tür zum Hof oder zum Garten verstehen wird; in Köln aber kann eine *Pforte* ein veritables Stadttor oder eine ganze Toranlage sein: die *Ulrepforte!*

In *Kölle* ist noch das lateinische *colonia* zu erkennen, das ursprünglich »Kolonie« bedeutete und dann auch Teil des Namens einer Römerstadt am Rhein wurde: *Colonia Claudia Ara Agrippinensium*, CCAA. Aus dem Kurznamen *Colonia* entwickelte sich *Kölle:* Zunächst fielen die beiden letzten Vokale *(-ia)* fort, dann – im Rahmen der allgemeinen *n*-Tilgung (siehe Seite 23) – auch noch das auslautende *n*, während sich *o* zu *ö* wandelte. Von *Kölle* leitet sich *Kölsch* ab wie *Bönnsch* von *Bonn* –

Die *Ulrepforte,* älter ist allerdings ihr kölscher Name: *Ülepooz.*

nur dass *Bönnsch* mit zwei *n, Kölsch* aber mit nur einem *l* geschrieben wird. »Schuld« daran wird das Hochdeutsche sein, in dem *Kölnisch* – im Anschluss an *Köln* – auch mit einem einzigen *l* auskommen muss.

Kölsch und Hochdeutsch

Der Einzug des Hochdeutschen

In der Koelhoff'schen Chronik wird ein Rheinhochwasser erwähnt, das wohl 1497 aufgetreten ist; die Chronik, 1499 in Köln gedruckt, schreibt dazu:

> *In dem selven jair umbtrint 13 missen was der Rin sere grois, desgelichen in langen ziden nie gesien enwas, ind he was bi Wesselich uisgebrochen zo Gurdorp zo ind dede dair groissen schaden, ind bi Roderkirchen beneden Melaten was hei ouch uisgebrochen ind lief in der stat uisserste graven. bi Polle lief hei in dat lant van dem Berge. beneden Coellen intgain Mulheim brach hei uis zo velde, dat Niel gantz in dem wasser lach, ind dede dairbeneden groissen verderflichen schaden.*

Übersetzt:

> »In demselben Jahr um Dreizehnmessen [= 6. Januar] war der Rhein sehr groß, wie es in langen Zeiten nie gesehen worden war, und er war bei Wesseling ausgebrochen auf Godorf zu und verursachte (tat) dort großen Schaden, und bei Rodenkirchen unterhalb Melaten war er auch ausgebrochen und lief in die äußersten Gräben der Stadt. Bei Poll lief er in das Bergische Land. Unterhalb von Köln, gegenüber von Mülheim, brach er in die Felder aus, dass Niehl ganz

im Wasser lag, und richtete weiter unterhalb großen verderblichen Schaden an.«

Kölsch war im Mittelalter die Sprechsprache in der Domstadt, die allermeisten Einwohner beherrschten gar keine andere Sprache (etwa Latein oder Französisch). Auf der Ebene der Schriftlichkeit gab es zwei Optionen: das Lateinische und daneben die rheinländische Schreibsprache, die sich im Laufe des Mittelalters entwickelt hatte. Aber lesen und schreiben konnten nur wenige. Im Jahr 1499 erschien bei dem Kölner Drucker Johann Koelhoff eine Chronik mit dem Titel »Die Cronica van der hilliger Stat van Coellen«. Wie die rheinländische Schreibsprache Kölner Prägung damals aussah, lässt sich in diesem Buch sehr schön nachschlagen.

»Rheinländische Schreibsprache«: Man könnte diesen Text auch als Beispiel einer »Kölner Schreibsprache« charakterisieren: Sie bildet das gesprochene Kölsch nicht eins zu eins ab, will das auch gar nicht, schließt aber doch an die gesprochene Sprache an. Es war also eine einheimische, mit dem Kölschen verflochtene Schreibsprache – im Gegensatz zum Hochdeutschen, das dann im 16. Jahrhundert am Rhein übernommen werden sollte. Ein hervorstechendes Merkmal der Kölner Schreibsprache ist der Buchstabe *i*, der in diesem Textausschnitt oft einem anderen Vokalzeichen folgt, so in *jair, dair, uis, grois*. In all diesen Fällen dient das *i* als Längenzeichen wie etwa das *h* in hochdeutsch *Jahr, Uhr* oder *nehmen*. Es ist also »stumm«. Dieses markante *i* hat sich in rheinländischen Namen bis heute erhalten: *Troisdorf, Roisdorf* und *Grevenbroich* sind drei bekannte Beispiele aus dem Bestand der Ortsnamen.

Das 16. Jahrhundert brachte dann die große sprachgeschichtliche Umwälzung. In Köln – wie im gesamten Rheinland, von Teilen des Niederrheins abgesehen – übernahm man die neuhochdeutsche Schriftsprache. Sie breitete sich überall im Deutschen Reich aus, nur nicht in den Niederlanden (die zu Beginn des 16. Jahrhunderts ja auch noch Teil dieses Reiches waren). Aus Kölner Sicht war es ein fremdes Deutsch, das nun die einheimische Schreibsprache ersetzte und in der Stadt auf Dauer Wurzeln schlug; seine geografische Basis hatte es im Osten und Südosten Deutschlands.

In Köln vollzog sich der Ersatz der einheimischen Schreibsprache gestaffelt von »oben« nach »unten«, die erzbischöfliche Kanzlei und die Ratskanzlei gingen voran, andere Schreibstuben folgten zeitversetzt. Hochdeutsch wurde zunächst in der schriftlichen Kommunikation nach außen eingesetzt, später auch im innerstädtischen Schriftverkehr.

Wie das zeitgenössische Hochdeutsch in der zweiten Hälfte des 17. Jahrhunderts aussehen konnte, zeigt die folgende Textprobe. Sie stammt aus einem Verhör, in dem ein Torschließer des Hahnentors zu Protokoll geben musste, was am 14. Februar 1674 geschehen war. Der Torschließer, Wilhelm Beeß mit Namen, hat seine Aussage damals vielleicht auf Kölsch gemacht, protokolliert wurde sie auf Hochdeutsch:

Wilhelm Beeß, Schließer an der Hahnenpfort, hat auf gesetzte Frag bei seinem Aid auf dessen Erinnerung deponiert, wie daß ungefehr umb funf Uhren verwichenen Mittwoch zu Nachmittag, als er an dem Eckhaus neben dem Wilden Mann auf der Hahnen Straß gestanden, seie ein Gutschen vorbei kommen, vor welchem Gutschen einer mit 2 Pistolen und einer mit zwei bloßen Degen aufm Armb liegend habend gelaufen, darauf er kein Nachdenken gehabt, als bis daß gesehen, daß noch einig Volk annoch weit darhinder nachgelaufen kommen und gerufen:»Haltet auf«, also er mit selbigem Volk nach der Pforten gelaufen, an die Pfort kommend, so seie aber der Kutschen weit zur Stadt hinaus gewesen, und wie er, auf das Bollwerk lauffend, gesehen, daß der Gutschen schon im Feld den äußersten Schlagbaum vor bei ware und alda sich auf den Ehrentstraßer Weg gewendet.

Der Torschließer Wilhelm Beeß hatte also in der Nähe des Brauhauses Im Wilden Mann auf der Hahnenstraße gestanden, als sich eine Kutsche in hohem Tempo näherte; sie fuhr stadtauswärts, passierte dann das Hahnentor (hier *Hahnenpfort* genannt) und brachte sehr bald dann schon den letzten Schlagbaum vor der Stadt hinter sich. In der jagenden Kutsche befand sich übrigens Graf Fürstenberg, ein Gesandter, der zu diesem Zeitpunkt an einem internationalen Friedenskongress in Köln teilnahm. Er wurde entführt, im Auftrag des deutschen Kaisers aus dem Hause Habsburg.

Die neue Sprachsituation, die im 16. Jahrhundert entstanden war, dauerte bis ins 20. Jahrhundert an, ja sie besteht, wenn auch in gewandelter Form, bis auf den heutigen Tag: das Nebeneinander von Kölsch und Hochdeutsch.

Muttersproch

Auch nach der Einführung des Hochdeutschen, das in den ersten Jahrhunderten sowieso eher für Druckwerke und für geschriebene Texte verwendet wurde, blieb Kölsch die Alltagssprache der Menschen in der Freien Reichsstadt am Rhein. Zur Wiederholung: Oftmals war Kölsch ihre einzige Sprache, gerade dann, wenn sie in der Jugend keine Schule hatten besuchen können.

Muttersprache: Diese schöne Bezeichnung benutzen wir, um anzudeuten, dass die betreffende Sprache die Erstsprache eines Menschen ist: Er hat sie zuhause, bei Mutter und Vater, erlernt; in dieser Sprache fühlt er sich daheim. »Muttersprache« klingt für viele Menschen sehr, sehr positiv. Muttersprache kann also auch ein Dialekt sein! Über einen sehr langen Zeitraum, bis ins 20. Jahrhundert hinein, gab es Kölner und Kölnerinnen, deren Muttersprache in diesem Sinne Kölsch war. Inzwischen begehen wir den 21. Februar eines jeden Jahres als Internationalen Tag der Muttersprache, wobei, wer will, diesen Tag dem Kölschen widmen kann.

Alltagssprache: Was dieser Begriff zum Ausdruck bringen soll, zeigt sich bei einer Gegenüberstellung mit »Schulsprache«, »Kirchensprache« oder »Vortragssprache«. Alltagssprache ist das Idiom, das in alltäglichen Gesprächssituationen verwendet wird: am Küchentisch, auf dem Spielplatz, auf dem Schulhof, am Arbeitsplatz oder an der Theke. Hier wird (in der Regel) ungekünstelt und »natürlich« geredet. Noch heute ist Kölsch für einen Teil der Kölnerinnen und Kölner die oder zumindest eine Alltagssprache.

Solange Kölsch noch in aller Munde war und als tägliche Alltagssprache funktionierte, konnten Kinder auf dem Spielplatz oder auf der Straße Kölsch lernen. Vielleicht war es so, dass ihre Eltern das Kölsche nicht beherrschten (weil sie etwa zugezogen waren), vielleicht lehnten Vater und Mutter das Kölsche auch ab und wollten ihre Kinder allein mit der Prestigesprache Hochdeutsch aufwachsen lassen. So lernte Werner Berlet, 1939 in Nippes geboren und in Ehrenfeld aufgewachsen, Kölsch *op de Stroß*. Später wurde er Seminarleiter bei der Akademie för uns kölsche Sproch. Auch Norbert Burger hat sein Kölsch auf der Straße gelernt. Burger (1932–2012) ist in Ehrenfeld aufgewachsen und war von 1980 bis 1999 Kölner Oberbürgermeister, später auch Vorsitzender des Beirats der Kölsch-Akademie; in einem Gespräch am Rande einer Beiratssitzung hat er einmal diesen Aspekt seiner Sprachbiografie mitgeteilt. Oder Volker Gröbe, der langjährige Leiter ebendieser Akademie: Er stammt aus Halberstadt und kam 1955 im Alter von acht Jahren nach Köln. Weil Kölsch in der Kindheit dieser Männer zum alltäglichen Sprachangebot gehörte, konnten sie es sich aneignen.

Adam Wrede brachte zwischen 1956 und 1958 in drei Bänden seinen »Neuen kölnischen Sprachschatz« heraus. Als er beim Stichwort *»Sproch«* angelangt war, konnte er nicht umhin, dem Wortartikel ein kleines, aus vier Zeilen bestehendes Gedicht anzuhängen; dessen Wortlaut:

Halt faß an dinger Sproch un halt se huh!
Et es en Joddesjav un mät dich fruh,
Wann do se hösch un selver och se kalls,
Verschängeleer se mer nor nit, Jott walt's!

Darin wird dazu aufgefordert, an der eigenen Sprache fest- und sie hochzuhalten. Sie sei eine Gottesgabe und mache froh, wenn man sie höre und sie selbst spreche. Das Gedicht schließt mit der Aufforderung, diese Sprache nicht zu verschandeln, »Gott walte es«!

Statt *verschängeleere* – so ist einer Ergänzung im Gedicht zu entnehmen – könne es im Kölsche auch *verschängeliere* heißen. Autor des Vierzeilers war Adam Wrede selbst.

Kölsch – Dialekt oder Sprache?

Ist Kölsch denn nun ein Dialekt oder eine Sprache? Diese Frage ist oft zu hören, aber sie wird in dieser Form wohl falsch gestellt. Denn Kölsch ist sowohl eine eigenständige Sprache als auch ein Dialekt des Deutschen.

Als Sprache verfügt Kölsch über einen eigenen Wortschatz, eine eigene Grammatik und über ein eigenes Lautinventar.

Man nehme nur das Wort *Sproch*, in dem ein offener *o*-Laut zu hören ist, wie er im Hochdeutschen nicht vorkommt. Kölsch wurde am Rhein schon *jesproche* oder *jekallt* oder *jebubbelt*, lange bevor hier Hochdeutsch in Gebrauch kam. Das gilt auch für das Hamburgische in Hamburg oder für das Münsterländische in Münster.

Betrachtet man Kölsch als eine Sprache, dann gehört diese zur indoeuropäischen (oder indogermanischen) Sprachfamilie, wie das Deutsche und das Niederländische oder auch wie das Altindische (Sanskrit), das Iranische, das Russische oder das Litauische (siehe Seite 38). Die alte Sprachverwandtschaft innerhalb dieser Gruppe lässt sich an vielen Gemeinsamkeiten oder Ähnlichkeiten demonstrieren. Man nehme etwa die Bezeichnungen für den »Zahn«: Im Sanskrit lautet sie *dán*, im Lateinischen *dens*, im Litauischen *dantìs*, im Niederländischen *tand*, hier jeweils die Einzahlform im ersten Fall. In den Dialekten des unteren Niederrheins ist ebenfalls *Tand* zu hören. *Zant* im Kölschen geht auf die im Niederländisch-Niederrheinischen konservierte Variante zurück, wobei die Zweite Lautverschiebung südlich der Benrather Linie für den Wandel im Wortanlaut gesorgt hat; statt *Zant* könnte man natürlich auch *Zand* schreiben. Die kölsche Mehrzahlform lautet *Zäng: »Arsch huh, Zäng ussenander!«* (siehe Seite 108); zu *Zäng* würde als Einzahl besser *Zangk* passen, eine Form, die außerhalb Kölns im Rheinland auch zu hören ist. Vielleicht haben auch die Kölschen das einzelne Beißerchen einmal *Zangk* genannt, dann wäre der regionaltypische Wortausgang irgendwann dem Zahn der Zeit zum Opfer gefallen. Bei *Hungk* »Hund« hat sich das Kölsche anders entschieden.

Andererseits ist Kölsch ein deutscher Dialekt wie auch das Plattdeutsche Hamburger Prägung oder das Schwäbische in Stuttgart. Die Dialekte zeichnen sich durch einen begrenzten

Geltungsraum (lokal, regional) aus und werden im ganzen Land vom Hochdeutschen »überdacht«. Hochdeutsch ist die Standardsprache in Deutschland (und in Österreich, in Ostbelgien und anderswo); die Dialekte sind von Hause aus Sprechsprachen, während das Hochdeutsche geschrieben und gesprochen wird. Schriftsprache ist – in Köln, in Hamburg, in Stuttgart … – das Hochdeutsche. Der Dialekt – Kölsch, Plattdeutsch, Schwäbisch … – gilt im Zusammenspiel mit dem Hochdeutschen als informelles und saloppes Idiom, Hochdeutsch bietet sich als Kommunikationsmittel förmlicher Gesprächssituationen und für den Kontakt mit Menschen aus anderen Teilen Deutschlands an. Wer beides beherrscht, Kölsch und Hochdeutsch, hat weit mehr Möglichkeiten als andere. Das gilt wiederum auch für die übrigen Dialekte Deutschlands.

Eine Besonderheit des kölschen Dialekts ist seine Medienpräsenz (siehe Seite 106). Da können Hamburgisch, Münsterländisch oder Schwäbisch nicht mithalten, auch kein anderer Dialekt des Rheinlands.

Vor 150 Jahren werden Kölner ihre Sprache vor allem *Platt* oder *kölsch Platt* oder *Plattkölsch* genannt haben. Dazu muss man wissen, dass »platt« sprechen ursprünglich bedeutete, sich geradeheraus und klar auszudrücken. Aus *kölsch Platt*, »kölnisches Platt«, wurde dann *Kölsch: »Ich schwaden Kölsch«, »Ich kall Kölsch«.* Dass Kölsch heute so gern und so oft als *kölsche Sproch* bezeichnet wird, ist wohl auch der Akademie för uns kölsche Sproch zu verdanken, die ihre Arbeit 1983 aufgenommen hat. Die inoffizielle Kurzform des Namens lautet Kölsch-Akademie.

Wer beides, Hochdeutsch und Kölsch, beherrscht, verfügt über die Möglichkeit, situationsabhängig von einer Sprache zur anderen zu wechseln und so die jeweils »richtige« zu wählen. Manchmal ist eben Kölsch angesagt. Wie beispielsweise auf dem Neumarkt, als ein grauer »Paradeschimmel« und eine Marktfrau aufeinandertreffen; erzählt hat diese Geschichte Heinrich Lützeler in seinem Buch über die »Philosophie des Kölner Humors«, erschienen 1954:

Ein Kölner Patrizier spaziert mit Freunden über den Neumarkt; er ist »ausgezeichnet gekleidet, mit seinem Silberhaar vornehm anzuschauen«. Als die Gruppe zu lachen beginnt, glaubt eine Marktfrau, die Herren lachten über sie. In ihrer Wut richtete sie das Wort an den Silberhaarigen: *»Nu laach doch nit esu dreckig, do fiese, jriese Paradeschimmel!«* Der so Angesprochene entgegnete auf Kölsch: *»Ich laach doch nit üvver Üch, Madame!«* Lützeler dazu: »Darauf maß ihn die Marktfrau mit wohlwollender Bewunderung und faßte ihr Urteil, nunmehr zärtlich, in den Ausdruck *›Schmecklecker!‹* zusammen.«

Was brachte in dieser Situation die Wende? Die Marktfrau, als sie sich zunächst verlacht und herabgesetzt fühlt, reagiert verärgert; sie beleidigt den vornehmen Herren, den sie dazu auch noch duzt. Das ist ja auch nicht ungewöhnlich: Wenn wir böse werden und jemanden verbal attackieren, wird der Adressat schon mal schnell geduzt. Der Silberfuchs reagiert beeindruckend und antwortet der Frau auf Kölsch, obwohl er sich natürlich auch fürs Hochdeutsche hätte entscheiden können. Wie es sich gehört, ihrzt er die fremde Frau und tituliert sie mit vollendeter Höflichkeit als *»Madame«*. Damit war die Situation gerettet. Er hatte die richtige Sprache gewählt und die passenden Worte gefunden: Eleganter geht's auf sprachlichem Parkett nicht.

Adam Wrede zum *Schmecklecker:* 1. jemand, »der gern etwas Leckeres ißt; Genießer erlesener, köstlicher Speisen«, 2. (im übertragenen Sinn) »Freund u. Verehrer netter, hübscher Frauen, besonders auf ältere Liebhaber bezogen«. So gesehen, schmeichelte die Marktfrau sich letztlich selbst, als sie mit dem Silberhaarigen ihren Frieden schloss.

Wortgeschichten: *kaate* und *Rad*

Fünfhundert Jahre Koexistenz – diese lange Zeit hat vielfältige Spuren im Kölschen wie im Hochdeutschen hinterlassen. Wie sich die beiden Idiome wechselseitig beeinflusst haben, lässt sich etwa am Beispiel des Tätigkeitsworts *kaate* sehr schön ablesen. Seine Entsprechung im Hochdeutsch Kölner Prägung ist (oder war) *karten*, gesprochen *kachten*. In Bayern wird dafür *karteln* verwendet: Wenn Karten gespielt wird, dann wird dort *gekartelt* und im Rheinland *gekartet*, auf Kölsch: *jekaat*.

Wer im 19. Jahrhundert Kölsch sprach und damit auch die Vokabel *kaate* »Karten spielen« kannte, für den schloss sich im Hochdeutschen *karten* reibungslos an. Das süddeutsche *karteln* wird er nie im Leben gehört haben, so dass er auch nicht auf die Idee kommen konnte, es zu verwenden. Dagegen »passt« *karteln* wieder zu den Dialekten Bayerns. Ob die Deutschlehrerinnen und -lehrer Kölns *karten* als hochdeutsch oder standardsprachlich akzeptiert oder als umgangssprachlich abgestempelt haben, steht auf einem anderen Blatt. Möglicherweise ist heute in Köln viel häufiger *Karten spielen* zu hören als *karten*, als Aussprache wäre dann *Kachten spielen* zu erwarten (zu *erwachten*). Und vielleicht bedeutet das wiederum für das Kölsche, dass nun häufiger von *Kaate spille* als von *kaate* die Rede ist.

Kölsch ist eine indoeuropäische Sprache: Das kölsche Wort *Rad* ist verwandt mit altindisch *rátham* »Streitwagen« oder mit litauisch *rãtas* »Rad«. Enger ist die Verwandtschaftsbeziehung zwischen kölsch *Rad* und hochdeutsch *Rad*, wobei in Köln beide Wörter oft identisch ausgesprochen werden, also mit einem kurzen *a*. In der Schule lernen die Kinder allerdings, dass in *Rad* ein Langvokal zu sprechen sei. Wie in *Bad* oder *Staat*. Bei der Besiedlung Kölns und des Rheinlands brachten die Franken das Wort schon mit, wobei als Konsonant am Ende des Wortes jener heute ausgestorbene Laut in Frage kommt, der auch in *thu* (*hir macht thu lernan*, siehe Seite 23) gesprochen wurde. Nachdem dann im 16. Jahrhundert das Hochdeutsche in Köln eingeführt worden war, stießen das kölsche *Rad* und das hochdeutsche *Rad* aufeinander.

Als im 19. Jahrhundert das Fahrrad erfunden wurde, verlangte die Erfindung nach einer Bezeichnung. Werden an einem Ort zwei Sprachen oder eine Standardsprache und ein Dialekt nebeneinander gesprochen, müssen sich die beiden Bezeichnungen nicht unbedingt decken. Beim Fahrrad scheint man im 19. Jahrhundert zunächst das französische *vélocipède* übernommen zu haben, wenn man von der vorangehenden *Draisine* einmal absieht. Als das damalige Amt für rheinische Landeskunde 1989 eine Fragebogenerhebung zu Bezeichnungen im Dialekt durchführte, wurden für das Fahrrad aus Köln neben anderen Bezeichnungen *et Velizeped* oder *Velizepäd* und *et Velo* gemeldet, auch *Velizopäd* und *Vlizopäd.* Ein 85-jähriger Herr aus Bonn schrieb *Filozepée* und fügte hinzu, dass er diese Bezeichnung bei seinem Großvater gehört habe. Auf die Dauer gaben die Kölner und die übrigen Rheinländer das französische Lehnwort *Veloziped* und seine Entsprechungen im Kölschen und in den übrigen Dialekten auf. Sie nannten das pedalgetriebene Zweirad nun *Fahrrad* oder kurz *Rad* – und dieser Wortwechsel fand wiederum im Tandem statt: in beiden Idiomen. Das Rad, auf dem heutzutage gefahren wird, ist dann also ein *Rad*, wobei sich der kölsche Kurzvokal oft im Hochdeutschen durchsetzt. Auch hier wieder der Blick nach Bayern: Im bayerischen Deutsch heißt das Fahrrad *Radl*, darauf wird *geradelt*. Bei diesem *Radl* handelt es sich eigentlich um eine Verkleinerungsform; ihre kölsche Entsprechung – *et Rädche*, sprich *Rättche* – steht eher für ein Kinderfahrrad.

Us der Franzusezick

Französisch, Deutsch und Kölsch

Im 18. Jahrhundert nahmen die Hochdeutschkenntnisse in Köln weiter zu. In der Domstadt wird also immer mal wieder *»kölsch met huhdütsche Knubbele«* – so Adam Wrede – zu hören gewesen sein. Wer Hochdeutsch sprach, hat umgekehrt oft kölsche Laute und Wörter einfließen lassen. In einer fiktiven Leichenrede aus dem Jahre 1741 werden Kölsch und Hochdeutsch fast schon verquirlt:

> *Wat wohr Kodder als Holofernes? Wohre niet esuh kot wie ein Hackmez? ever* Modicum: *wie bahl růtschden em dat ob, wie dem Hung de Broht-wooscht: dan Möngen Judic hauden ihm sing Roͤb af, datte den Důsel kreg: den Schwindel wolte ich sagen. Der Babilonische Thon is ůverentůver gefallen, datte des Důvels wuht.*

Der Text stammt von Heinrich Lindenborn (1706–1750). Es handelt sich dabei um eine Parodie; Lindenborn übertreibt hier also in der Leichenrede auf die verstorbene Daphne. Dass der Redner immer wieder versucht, vom Kölschen zum Hochdeutschen zu wechseln, zeigt uns Lindenborn etwa in der Passage: *»datte den Důsel kreg: den Schwindel wolte ich sagen«*. Typisch kölsch ist in dieser Passage auch das Adjektiv *kot* »böse«, das auch gleich in der Steigerungsform *»Kodder«* vorkommt.

Am 6. Oktober 1794 zogen französische Truppen in Köln ein, damit begann die knapp zwei Jahrzehnte dauernde »Franzosenzeit« am Rhein. Wenn in Köln wie im übrigen Rheinland eine Legende unausrottbar ist, dann ist es die von den franzosenzeitlichen Lehnwörtern. Die Legende setzt an bei den ins Auge stechenden und zahlreich vorkommenden französischen Entlehnungen im Kölschen (und in den übrigen Idiomen des Rheinlands). Gemeint sind also Wörter wie *Plümmo,* französisch *plumeau, Portmonnee,* französisch *portemonnaie,* oder *Taht,* französisch *tarte.* Viele oder sogar ganz viele dieser Lehnwörter seien der Franzosenzeit zwischen 1794 und 1814 und dem damaligen Sprachkontakt zu verdanken, so die geliebte Legende. Tatsächlich war aber der Großteil der im Kölschen gebräuchlichen Französismen schon vor dem Jahr 1794 hier »angekommen«. Rudolf Post hat die Entwicklung für das Rheinland wie folgt beschrieben:

> Bedingt durch den Vorbildcharakter höfischer französischer Kultur im Mittelalter und besonders durch die politische und kulturelle Ausstrahlung des französischen Hofes und Geisteslebens vom ausgehenden Mittelalter bis in das 19. Jahrhundert vor allem auf Adel und Bürgertum in Deutschland, kam es zu einer Flut von Fremdwörtern in der Sprache der gebildeten Schichten Deutschlands. Aus diesen höheren sozialen Schichten gelangte ein Teil des Lehnwortgutes in die Volkssprache und wurde dort in das Mundartsystem integriert, während es in der Hochsprache heute schon wieder veraltet ist. So sind etwa *Plümmo, Blimmo* (frz. *plumeau*), *Schossee* (frz. *chaussee*), *Trottewaar* (frz. *trottoir*) »volkstümlicher« als ihre standardsprachlichen Entsprechungen *Deckbett, Landstraße, Bürgersteig.*

Ein zweisprachiger Straßenname in Köln
während der Franzosenzeit:
Rue de l'arsenal oder *Zeughausgas*

SENAL·
AUS CAS

Es ist also festzuhalten: Vor 1794 sprachen Menschen mit höherer Bildung neben Deutsch – und Kölsch – Französisch, und sie übernahmen zahlreiche französische Wörter in ihr Hochdeutsch. Diese Französismen wurden »weitergereicht« an die Menschen, die (nur) Kölsch sprachen. Für diesen Worttransfer ist die Bezeichnung »gesunkenes Kulturgut« geprägt worden. Natürlich wurde in der Franzosenzeit mehr Französisch gelernt, gedruckt, geschrieben und gesprochen als vor 1794 und als im 19. Jahrhundert unter den Preußen. Französisch, Deutsch und Kölsch standen in der französischen Periode der Kölner Stadtgeschichte in einem viel intensiveren Austausch als davor oder danach. Wenn man jedoch nach den französischen Bestandteilen des Kölschen fragt, muss man für jedes einzelne Wort nach seiner ganz besonderen Entlehnungsgeschichte suchen. Und dann spielt die *Franzusezick* in der Regel keine Rolle mehr!

»*Geissböckelche*« oder: Das Gleichnis vom verlorenen Sohn (1806)

Den Franzosen verdanken wir eine besonders frühe Probe des modernen Kölsch. Sie entstand im Jahr 1806, überliefert ist sie nur in einer Abschrift. Es handelt sich um die Übersetzung des Gleichnisses vom verlorenen Sohn, die im Nationalarchiv in Paris unter der Nummer 20080 – 303-304 aufbewahrt wird. Die ersten Zeilen lauten:

> *'ne Mann hatt zwey Sönn. Un der Jüngsten dervun säht widder sih Vahder: Vahder, gitt mer mih Kindtheil. Un doh deilden häh et Erv' unger se.*

Ein Mann hatte zwei Söhne; der jüngere bittet ihn darum, ihm sein Erbteil auszuzahlen. Soweit der Anfang der Geschichte. Entdeckt wurde der Kölner Text vor einigen Jahren von den niederländischen Sprachforschern Frens Bakker und Joep Kruijsen. Der Vorname des Letzteren wird übrigens exakt so ausgesprochen wie *Jupp* im Kölschen.

Zurück zum Gleichnis: Der jüngere Sohn erhält seinen Anteil am väterlichen Erbe, bringt das Geld aber in einem liederlichen Leben durch. Er verarmt schließlich, muss gar hungern und beschließt dann, wieder zum Vater zurückzukehren. In all den Jahren hat der ältere Sohn im Betrieb des Vaters tüchtig mitgearbeitet. Der Vater ist glücklich darüber, den verlorenen Sohn lebend wiederzusehen, und lässt auf der Stelle ein Fest für ihn organisieren. Als der ältere Sohn von der Feldarbeit heimkehrt und sieht, dass der Vater sogar ein Kalb hat schlachten lassen, wird er *kott*:

> *Doh woohd häh kott, un bleev vör der Döhr stohen. Doh kohm sih Vader eruss un reeff im. Do goff häh singem Vahder zor Antwohd: Noh seehd et ens an, ich deenen dir esuh mench Johr, un hann dir mih Lebtaag noch keine Verdrooss agedohn; un nitt ens ä Geissböckelche häst du mir geschenk', dat ich mich met minge Frunde' gett verlöstire' kunt. We evver däh Sonn kütt, dä si ganz Kindtheil met liddeliche Fraulücke derdurch gemahd hett, doh löhst du dem ett fett Kalv duhd dun. Drobb säht hä esuh: Kind, doh bess luhter bei mir, un watt ich hann ess auch ding. Evver noh muss ett löstig un vollopp gohn, wihl din Brohder he, duhd wohr, un ess widder lebendig wohde; un hä wohr fott, un hätt sich widderfunge'.*

Er habe immer für den Vater gearbeitet, aber nicht einmal sei er auch nur mit einem Ziegenböckchen belohnt worden, trägt der ältere Sohn vor. Darauf der Vater: »Kind, du bist immer bei mir, und was ich habe, ist auch deins.« Dagegen sei der verlorene Sohn tot gewesen, nun aber sei er wieder lebendig geworden. Aus heutiger Sicht fällt an der kölschen Sprache des Gleichnisses vieles auf; dass es *Fraulücke* und nicht wie heute *Fraulück* heißt, zum Beispiel.

Und dann das *Geissböckelche*. Es wird hier mit Doppel-*s* und mit einem *G* am Wortanfang geschrieben: Jeder Kölsch-Sprecher und jede Kölsch-Sprecherin artikulierte damals aber ein *j: Jeißböckelche*. Typisch kölsch ist die Bildungsform auf *-elche: Böckelche, Böjelche* »Büchlein« oder *Ringelche* »Ringlein« sind kennzeichnend für die kölsche Grammatik. Das Maskottchen des 1. FC wird bis heute auf Hochdeutsch als *Geißbock* bezeichnet. Da aus der kölschen *Jeiß* im Hochdeutschen eigentlich eine *Ziege* wird, müsste *Hennes*, wie der Geißbock heißt, eigentlich ein *Ziegenbock* sein. Im Falle des Maskottchens hat sich aber die kölsche Vokabel durchgesetzt. Dadurch wird das Vereinstier einmalig und unterscheidet sich von all den *Ziegenböcken* oder *Ziegenböckelchen*, die es in Kölner Ställen vielleicht noch geben mag.

Wortgeschichten: *Divertissementche, Portmonee* und *Kwartier Latäng*

Fritz Hönigs »Wörterbuch der Kölner Mundart« erschien erstmals 1877, 1905 – nach seinem Tod – in einer zweiten, erweiterten Auflage. Darin ist als Bedeutung für das Stichwort *Divertissemẹntche* zu lesen: »Zerstreuung, Belustigung; für Köln: karnevalistische Wohltätigkeitsvorstellung«. Heute verbinden sich mit den *Divertissementchen* in Köln die Aufführungen der Bühnenspielgemeinschaft Cäcilia Wolkenburg in kölscher Sprache, denen man während der Karnevalszeit in der Kölner Oper –

oder im Ausweichquartier – beiwohnen kann. Darin wird kölsch gesungen und (kölsch?) getanzt.

Adam Wrede leitete das Wort vom italienischen *divertimento* ab. Wahrscheinlicher ist aber wohl die Entlehnung des französischen *divertissement*. Die Kölner haben dieses Nomen durch ein Verkleinerungselement um eine Silbe verlängert, die sich auch dann noch hartnäckig hält, wenn, wie heutzutage, etwa hundert Männer auf der Bühne an einem *Divertissementchen* beteiligt sind.

In Köln und in der Umgebung der Stadt werden vornehmlich zwei Bezeichnungen für die Geldbörse verwendet: *Portmonee* und *Jeldbüggel*; *Jeldbüggel* ist das ältere von beiden. Die Zusammensetzung ist »durchsichtig«, wie die Linguisten diesen Fall nennen. Man erkennt, wie das Wort entstanden ist: aus *Jeld* + *Büggel* »Beutel«. Mit *Büggel* stößt man auf eine typisch kölsche Lautvariante, vor langer Zeit aus *Büdel* entstanden. Dasselbe Lautphänomen findet sich in *lügge* »läuten«, *wigger* »weiter« oder *Zigge* »Zeiten«; es gehört zu den »Velarisierungen«, für die das Kölsche in der deutschen Dialektforschung berühmt ist (siehe Seite 75).

Und das *Portmonee?* Es geht zurück auf das französische *porte-monnaie*, ein Wort, das in Frankreich nachweislich erst im 19. Jahrhundert entstanden ist. Von dort ist es ins Deutsche (Hochdeutsche) übernommen worden, dann wurde es auch im Dialekt als Bezeichnung für die Börse heimisch. Mit Napoleon hat es also nichts zu tun. In Köln hat *Portmonee* älteres *Jeldbüggel* nicht vollständig verdrängt, bei der Fragebogenerhebung 2017/18 lag es aber deutlich hinter dem Fremdwort auf dem zweiten Platz. *Portmonee* trat dabei in unterschiedlichsten Schreibungen auf, die auch auf Varianz in der Aussprache hinweisen; Beispiele sind *Pottmonnee, Pottmannee, Pottemonee, Pottemanee, Portmonee, Portmanee* oder *Pochtmonee*. Die beiden hochdeutschen Varianten lauten heute ja *Portmonee* und *Portemonnaie*.

Vielleicht der jüngste aller kölschen Französismen ist *Kwartier Latäng*, es hat mit der Franzosenzeit in Köln noch weniger zu tun als *Portmonee*. Und vielleicht sollte man es auch nicht als kölsch bezeichnen; aber was ist es dann? *Kwartier Latäng* nennt man in Köln einen Teil der südwestlichen Neustadt, hier liegen die Zülpicher Straße und der Rathenauplatz. Entstanden ist die Neustadt (siehe Seite 54) nach 1880, in der Franzosenzeit erstreckten sich hier noch Felder. *Kwartier Latäng* ist ein »Nachbau« von *Quartier latin*, jenem »lateinischen Viertel« in Paris, das vom Studentenleben geprägt wird. »Latein« heißt im Kölschen *Lating*, »lateinisch« ist *latingsch. Latäng* weicht davon ab und schließt sich phonetisch anderen markanten kölschen Wörtern an: etwa *Schäng, Jean* = Johannes, und *Lamäng: us der Lamäng* »aus dem Handgelenk«. Und damit klingt *Kwartier Latäng* doch wieder echt kölsch!

Kölsch anno 1888

Köln und Preußen

Wien im Jahr 1815. Napoleon ist geschlagen, die Siegermächte sind in der habsburgischen Hauptstadt zusammengekommen und ziehen neue Grenzen auf der Landkarte Europas. Als sich in Köln die Nachricht verbreitet, dass das Rheinland preußisch wird, soll – so ist vielfach zu lesen – der Kölner Bankier Abraham Schaaffhausen ausgerufen haben: *»Do hirohde mer in 'n ärm Famillige«*. Preußen schuf in der Folge die Rheinprovinz, die von Kleve im Norden bis zum Saarland im Süden reichte – aber nicht Köln, sondern Koblenz wurde auf Dauer Sitz des Oberpräsidenten und seiner Verwaltung. Die neue Universität, die der preußische König gründen ließ und die 2018 ihr 200-jähriges Bestehen feiern konnte, kam nach Bonn, während die von den Franzosen aufgehobene Universität in Köln nicht wiederhergestellt wurde. Das Verhältnis zwischen Köln und Preußen war kein einfaches. In der Rheinprovinz entwickelte sich bald ein Gefühl regionaler Besonderheit, die, wie Jürgen Herres schreibt, in der vorangehenden Franzosenzeit wurzelte:

> In der von Frankreich übernommenen Rechts- und Gerichtsordnung sahen die »Rheinländer« eine Art rechtlicher Grundlegung staatsbürgerlicher Gleichheit und Freiheit. Die Strukturunterschiede in der Rechts-, Wirtschafts- und Sozialverfassung wurden politisch aufgeladen und als

Gegensatz konstituiert, der im vorkonstitutionellen Preußen große Bedeutung erhielt und diese auch im Reaktionsjahrzehnt nach der Revolution von 1848 behielt.

Es ist gut möglich, dass Abraham Schaaffhausen den Satz über die Heirat nie gesagt hat: Das Zitat könnte erfunden sein, vielleicht erst Jahre oder Jahrzehnte nach 1815, als sich der rheinische Regionalismus möglicherweise schon etabliert und als sich das Verhältnis zwischen Köln und Preußen als problematisch herausgestellt hatte. In diesem Licht betrachtet – warum spricht der Kölner Bankier hier Kölsch?

Nützlich ist in diesem Zusammenhang noch einmal ein Blick zurück ins 18. Jahrhundert: Die beiden Sprechsprachen Kölns waren Hochdeutsch und Kölsch (wenn man einmal von der Bildungssprache Französisch und vom Lateinischen absieht). Es gab Einwohner, die mehr oder weniger ausschließlich auf ihren Dialekt beschränkt waren; andere Kölner und Kölnerinnen, vor allem die besser Gebildeten, beherrschten beides (sowie Französisch/Latein). Die Einsprachigen (nur Kölsch) und die Zweisprachigen (Kölsch plus Hochdeutsch) waren Einheimische. Nach dem zwei Jahrzehnte dauernden Intermezzo der Franzosenzeit und nach der Inbesitznahme durch den König aus dem Osten gab es in Köln eine neue Bevölkerungs- und Sprachgruppe: die »Preußen«, die kein Kölsch beherrschten. In der Figur des Schnäuzerkowski hat ihr das Hänneschen-Theater ein Denkmal gesetzt.

Abraham Schaaffhausens sprachliches Repertoire umfasste also die Wahlmöglichkeit zwischen Kölsch und Hochdeutsch. Wenn man dem Bankier in diesem – vermutlich erfundenen – Zitat Kölsch in den Mund legte, dann um ihn durch sein Kölsch auch sprachlich von den Neuankömmlingen abzugrenzen. Kölsch war ein ideales Mittel, einem rheinischen Regionalismus und einem Kölner Überlegenheitsgefühl Ausdruck zu verleihen: Kölsch als die Sprache der Hiesigen, die Anderen konnten sie gar nicht verstehen. Das Zitat – schöner hätte man es vielleicht gar nicht erfinden können – funktioniert allerdings nur unter der Voraussetzung, dass Kölsch die Sprache aller Kölner und Kölnerinnen war und keine Arme-Leute-Sprache.

Ernst Weyden könnte als Kronzeuge auftreten. Der Kölner wurde 1805 in der Neugasse geboren und veröffentlichte 1862 ein Buch mit dem Titel »Köln am Rhein vor fünfzig Jahren«. Darin erinnerte er sich an seine Kindheit in der Domstadt:

> Noch schämte sich keiner der kölnischen Mundart, niemand verbastardete dieselbe durch Einschmuggeln des Hochdeutschen. Die Sprache war der Spiegel des kölnischen Lebens, der Ausdruck naiver inniger Gemütlichkeit. Ich habe noch in kölnischer Mundart predigen, selbst vor Gericht plädieren hören, und hier geriet auch wohl noch später bei einigen Advokaten das Kölnische zuweilen mit dem Schriftdeutschen in Konflikt. Selbst der Präsident der von den Franzosen errichteten Handelskammer und des Handelstribunals, einer unserer ehrenwertesten Bürger, schlecht und recht, dessen Herz warm fürs Gute und fürs Schöne schlug, der Bankier und Kaufherr Abraham Schaaffhausen, sprach gewöhnlich nur Kölnisch.

Vielleicht ist mit diesem Passus aus dem Buch von 1862 auch die Quelle des Schaaffhausen-Zitats gefunden. Wenn der Bankier »gewöhnlich nur Kölnisch« sprach, dann vermutlich auch in der Situation, in der er sich über die Preußen ausließ!

Unter den Figuren des Hänneschen-Theaters steht der schon durch seinen Namen auffallende Schnäuzerkowski für Preußen. Auf der Homepage der Bühne wird er wie folgt beschrieben:

»Polizist. Strenger Vertreter der Staatsgewalt. Karikiert das nach Köln versetzte preußische Beamtentum.« Seine Eigenschaften: »Zackig, harsch, formal, berlinert, hilflos.« Der Preuße »berlinert«, am Ende kann er noch nicht einmal anständig Hochdeutsch! Schnäuzerkowski ist zweifellos Schaaffhausens Gegenpart.

»Do hirohde mer in 'n ärm Famillige«. Das Zitat geistert in unterschiedlicher Form durch die Köln-Literatur. Die hier angebotene Variante ist in einem Aufsatz zu finden, den ein Bonner Historiker 1917 publiziert hat. Dort bezeichnet er es als das »klassische Diktum des Bankiers Abraham Schaaffhausen«, ohne allerdings eine ältere Fundstelle zu nennen. In der neuen »Geschichte der Stadt Köln«, dort im Band zur preußischen Zeit, lautet das Zitat: *»Jesses, Maria, Josef! do hierode mer in en ärm Famillich!«* So ist es auch schon in einem Buch aus dem Jahr 1890 zu finden. *Famillich* und *Famillige* – wenn man die beiden Varianten vergleicht, muss man das *g* natürlich als *j* lesen: *Famillije*. Diese viersilbige Form ist die ältere; so werden vor zweihundert Jahren viele Kölner das hochdeutsche Pendant *Familie* ebenfalls ausgesprochen haben. Wer im Internet nach unserem Zitat sucht, wird auch oft die Schreibung *Famillisch* finden. Heute spricht man so in Köln – aber zu Abraham Schaaffhausens Zeiten noch nicht. Das Phänomen betrifft den sogenannten *ich*-Laut (vorn im Mund artikuliert), nicht aber den *ach*-Laut (hinten im Mund). Beide Laute werden im Standarddeutschen gleichermaßen *ch* geschrieben, in ihrem Klang unterscheiden sie sich jedoch deutlich. Im Deutschen ist der *ach*-Laut etwa in *Bach, Buch* oder *doch* zu hören, der *ich*-Laut in *mich, Milch* oder *Küche*. Zu Beginn des 19. Jahrhunderts war der *ich*-Laut – ob nun in *Milch (Millech), Berg (Berrech)* oder *mich* – auch in Köln noch ein echtes *ch;* die Wendung zum *sch – Millesch, misch, Famillisch* – stellte sich hier erst gegen Ende des 19. Jahrhunderts ein (siehe Seite 116).

Im Hänneschen-Theater:
Schnäuzerkowski in
nachpreußischer Kluft

Platt in Köln

Kölsch wird in Köln gesprochen – so weit, so gut. Doch die Stadtgrenzen haben sich in der zweiten Hälfte des 19. Jahrhunderts enorm verschoben! Im Jahr 1881 wurde die Stadterweiterung in Angriff genommen, nachdem die mittelalterlichen Stadtmauern abgerissen worden waren. Im Halbkreis um die Altstadt entstand die Neustadt, wodurch die räumliche Struktur des Kölschen tiefgreifend verändert wurde. Dann kam es 1888 zu den ersten Eingemeindungen: Sie trafen die bis dahin selbstständigen Städte Ehrenfeld und Deutz sowie eine Anzahl von Bürgermeistereien, die meisten davon auf der linken Rheinseite gelegen, unter anderem Nippes, Müngersdorf und Kriel. Auf der *schäl Sick* wurden auch Poll und Humboldt eingemeindet.

Die Bevölkerungszahl Kölns stieg im Laufe des 19. Jahrhunderts sehr stark an: Lag sie vor der Wende zum 18. Jahrhundert noch bei unter 50 000, betrug sie 1871 bereits mehr als 173 000. Vor dem Beginn des Ersten Weltkriegs, 1913, war sie dann schon auf mehr als 516 000 angestiegen; 1888 wird die Zahl der Einwohner bei etwa der Hälfte gelegen haben.

Bis 1880 war allen klar, wo Kölsch gesprochen wurde: in der von den alten Stadtmauern eingeschnürten Domstadt. Damals nannte man in Köln das eigene Idiom wohl zumeist *kölsch Platt:* Kölnisches Platt. Man konnte beides auch in umgekehrter Reihenfolge kombinieren: *platt Kölsch.* Deshalb nannte sich das Millowitsch-Theater auch Plattkölnische Volksbühne (siehe Seite 105). Dass diejenigen, die in der Folge in der Neustadt sesshaft wurden, ihren Dialekt ebenfalls zum Kölschen rechneten, ist anzunehmen. Aber die Einwohner von Nippes oder Poll? Sie waren gewohnt, ihr Platt als Nippeser Platt oder Poller Platt zu identifizieren – und nun? Im Jahr 2014 wurden Menschen im rechtsrheinischen Stadtteil Dünnwald gefragt, wie sie ihr Idiom nennen. Auf dem Fragebogen, ausgefüllt von insgesamt 52 Dialektsprechern aus Dünnwald, waren als Antwortvorgaben zu finden: »Dünnwalder Platt« – »Kölsch« – »Bergisches Platt« – »anders«. Von den älteren Personen (geboren bis 1942) kreuzte die große Mehrzahl »Dünnwalder Platt« an, während bei den jüngeren Gewährsleuten (geboren nach 1942) »Kölsch« klar überwog. »Bergisches Platt« wurde viermal gesagt. Dünnwald ist 1914 nach Köln eingemeindet worden, so dass keiner der an der Befragung Teilnehmenden die kommunale Selbstständigkeit Dünnwalds erlebt hat. Ob es objektive, also linguistische Kriterien gibt, nach denen sich zwischen Kölsch und (Dünnwalder, Poller oder …) Platt unterscheiden ließe, wird später noch thematisiert werden.

Ernst Weyden (1805–1869) hat sein Leben im alten Köln verbracht, vor der Stadterweiterung und vor den Eingemeindungen. Wenn er von Köln spricht, hat er also immer die Stadt innerhalb der Mauern vor Augen, auch an der Stelle in seinem Buch, an der er über die »echt kölnischen Familien« schreibt:

> Wir Kinder sprachen natürlich nur kölnisch, denn mit einem gewissen Stolze bewahren die echt kölnischen Familien die kölnische Mundart, die man von Arm und Reich in ihren verschiedenen Nuancen nach den verschiedenen Stadtvierteln reden hört. Heißt es im Herzen der Stadt z. B. »Vatter«, »Mutter«, so hört man nach den Grenzen der Altstadt schon »Vader« und »Moder« und unter den Kappesbauern »Va« und »Mo«.

Für die Zeit der Stadtweiterung und der Eingemeindung liegen sehr interessante Sprachdaten vor: die Dialektfragebogen, die Georg Wenker 1884/85 verschickt hat. Der Satz 17, der vom Hochdeutschen in die örtlichen Dialekte zu übertragen war, lautete: »Geh, sei so gut und sag deiner Schwester, sie soll die Kleider für eure Mutter fertig nähen und mit der Bürste rein machen.« Im Folgenden geht es um den mittleren Teil dieses Satzes. Für Köln und für die Orte, die im 19. und im 20. Jahrhundert eingemeindet wurden, liegen unter anderem folgende Übertragungen vor (K Köln, M Merkenich, W Widdersdorf, R Rodenkirchen, P Poll, D Dünnwald, L Langel):

K … *se sold de Kleider för öhr Moder fädig niehe …*
M … *se sohl de Kleder vör öhr Mohr fädig niehen …*
W … *se söhl de Kleeder für ühr Mutter fertig niehen …*
R … *se sohl de Klede für ühe (üe) Mutte feätig niehe …*
P … *sie soll de Kleider för ühr Mohder fähdig niee …*
D … *se söhl de Kleede füe üe Motter fehedig nih* [so!] …
L … *se soll de Kleder fühe ühe Motte fäetig niehe …*

An diesen Übersetzungen ist vieles auffällig, nicht zuletzt die Varianz bei den Bezeichnungen für »Mutter«. *Moder* (auch *Mohder* geschrieben), *Mutter* und *Mutte, Motter* und *Motte* sowie *Mohr.* Es sind mehr Varianten, als sie Ernst Weyden für das in Köln gesprochene Kölsch *(Mutter, Moder, Mo)* aufgezählt hat. *Kleider* mit *ei* scheint in der Kölner Umgebung eher selten gesprochen worden zu sein, dort hieß es oft *Kleder* oder *Klede*. Interessant ist auch die Präposition »für«, die im Namen der Kölsch-Akademie *för* lautet: *Akademie för uns kölsche Sproch*. Auch im Claim der Sparkasse KölnBonn, die diesen Spruch von der früheren Stadtsparkasse Köln übernommen hat, begegnet diese Variante: *För üch do* (»Für euch da«). Geht man von den Wenkersätzen aus, zeigt sich, dass im Kölschen (im Platt) mancher Kölner Stadtteile eher mit einem *ü* zu rechnen ist: *für*. Auch im Dialekt Bonns heißt es *für* oder *füe;* deshalb klingt der kölsche Claim für Bonner Ohren auch ganz anders als in Köln.

Mutter/Moder

Wenker-Fragebogen 1884/85

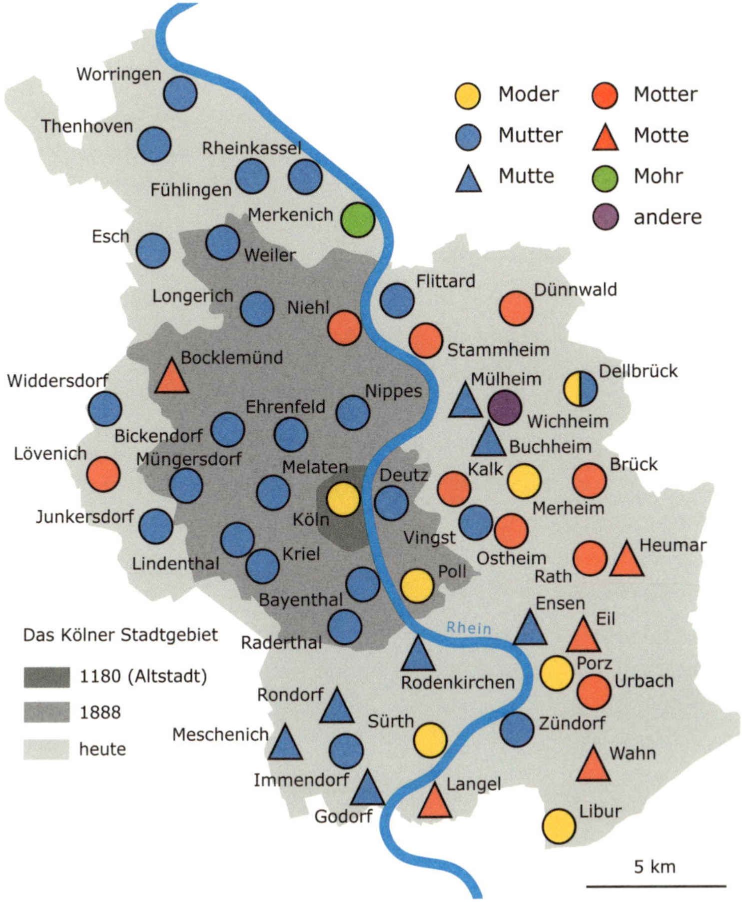

Die Situation um 1884/85:
Die alte Form *Moder* (gelb) wurde
nur noch selten verwendet.
Der Wichheimer Lehrer notierte *Moutter* (lila).

Auf der Karte, die auf Georg Wenkers Fragebogen beruht, dominiert in dem heute innerhalb der Stadtgrenzen liegenden Gebiet die Bezeichnung *Mutter* (blau), *Mutte* (ebenfalls blau) ist seltener. *Motter* und *Motte* (beide rot) kommen im Rechtsrheinischen häufiger vor als auf dem linken Ufer. *Moder* wird insgesamt siebenmal gemeldet, darunter auch für das alte Stadtgebiet. Einmal, nämlich für Merkenich, wurde damals *Mohr* (grün) festgehalten, für Wichheim notierte der dortige Schullehrer wieder eine andere Form (lila: *Moutter*). Man darf wohl unterstellen, dass in so manchem Ort mehr als nur eine Bezeichnung bekannt war; der Lehrer von Dellbrück war allerdings der einzige, der zwei konkurrierende Lautvarianten zu Papier brachte: *Mutter* und *Moder*. Im nächsten Abschnitt wird das Verhältnis zwischen den Dialekten der Domstadt und der eingemeindeten Orte näher beleuchtet.

In Köln wird bis heute immer wieder gern thematisiert, dass man bis vor einiger Zeit selbst innerhalb des alten Stadtgebiets Varianten habe unterscheiden können: Zwischen den einzelnen Vierteln waren Unterschiede hörbar! Viele, die sich so äußern, werden dabei an Ernst Weydens Buch aus dem 19. Jahrhundert denken, in dem er von den »verschiedenen Nuancen nach den verschiedenen Stadtvierteln« schreibt. Weiter heißt es bei ihm:

> In Umbildungen und Kontraktionen der Vornamen überbietet der Kölner selbst den Engländer, doch geschieht dies auch in den einzelnen Stadtvierteln in verschiedener Weise. Heißt Theodor auf dem Altenmarkt »Dores«, Peter Joseph »Pitter Jusep«, Heinrich »Hen«, so am Nord- oder Südende der Stadt »Dei«, »Pitt-Jupp« und »Drickes«, und »Kölschen Drickes« ist der allbekannte Spitzname des Kölners, der damals noch stolz auf sein Drickestum [war].

Das Kölsche nennt Weyden in diesen Passagen »Kölnisch« oder die »kölnische Mundart«; wer zu seiner Zeit Hochdeutsch verwendete, sprach »gutes Deutsch« – wie beispielsweise Migranten: »Hörten wir Knaben einen unserer Spielgenossen, die Söhne aus dem Bergischen eingewanderter Familien, gutes Deutsch reden, dann hieß es: ›Dae welt sich jett mache, dat es ene Calviner!‹« Mit »Calviner« war ein Protestant (ein Calvinist) gemeint. Nicht nur Preußen aus dem (fernen) Osten, sondern auch andere Neukölner konnten oder wollten also kein Kölsch sprechen. Statt »gutes Deutsch« sagte man auch »Gutdeutsch«, eine Übersetzung von *Jotdütsch* – oder umgekehrt.

Wo Stadtkölsch auf Landkölsch trifft

Als »Dreikaiserjahr« ist das Jahr 1888 in die Geschichtsbücher eingegangen. Damals folgte in Berlin auf Kaiser Wilhelm I. dessen Sohn als Friedrich III., der aber nach nur 99 Tagen starb, so dass noch in demselben Jahr Wilhelm II. inthronisiert wurde; er regierte Preußen und das Deutsche Reich bis zum Ende des Ersten Weltkriegs. Am 6. Oktober des Jahres 1888 wurde in Köln-Deutz ein Junge geboren, der von seinen Eltern – sie hießen Müller – ebenfalls den Vornamen Wilhelm erhielt. Nur 24 Jahre später, 1912, wurde Wilhelm Müller an der Universität Bonn zum Dr. phil. promoviert – mit einer für die Kölner Sprachforschung sehr interessanten Dissertation; sie trug den Titel »Untersuchungen zum Vokalismus der stadt- und der landkölnischen Mundart«.

Wie definierte dieser Deutzer »Stadtkölnisch«? Stadtkölnisch war für ihn »der in der Stadt selbst und in den nahe vor den Toren liegenden städtischen Vororten gesprochene Dialekt«. Unter Landkölnisch verstand Müller »die Unterhaltungssprache, wie man sie hört in den mehr von Köln entfernten ländlichen

Vororten und weiter in den Ortschaften des Kölner Landes, eines 20–30 km breiten, die Stadt umschliessenden Halbgürtels, der auf der linken Rheinseite im Norden von etwa Zons über Bedburg, dann östlich von Düren und weiter etwa über Zülpich, im Süden bei Hersel wiederum den Rhein erreichend sich hinzieht«. Deutz und das übrige rechte Rheinufer klammerte Müller also aus! Im Folgenden werden Müllers Bezeichnungen durch »Stadtkölsch« und »Landkölsch« ersetzt. Neben zahlreichen Übereinstimmungen zwischen beiden Dialekten konnte der Deutzer prägnante Gegensätze im Lautsystem beschreiben. Hier einige Beispiele (Stadtkölsch SK – Landkölsch LK):

	SK	LK	Hochdeutsch
1	*Fleisch, Kleider*	*Fleesch, Kleder*	Fleisch, Kleider
2	*loufe, Boum*	*lofe, Boom*	laufen, Baum
3	*Böum, jlöuve*	*Bööm, jlöve*	Bäume, glauben
4	*Fläsch, Täsch*	*Fleisch, Teisch*	Flasche, Tasche
5	*Koch, Knoche*	*Kouch, Knouche*	Koch, Knochen
6	*Höff, Löcher*	*Höüf, Löücher*	Höfe, Löcher
7	*Läffel, Peffer*	*Lewfel, Pewfer*	Löffel, Pfeffer

In diesen Fällen geht es also um den Gegensatz von Zwielaut und einfachem Vokal. In den drei ersten Gruppen (die Beispiele stehen jeweils für eine lange Reihe weiterer Fälle) hatte das Stadtkölsche jeweils den Zwielaut: *Fleisch* (SK) – *Fleesch* (LK), *loufe* (SK) – *lofe* (LK) und so weiter. Dagegen verhält es sich bei den nächsten Gruppen genau umgekehrt, jetzt sind die Zwielaute (Diphthonge) im Landkölschen zu finden: *Fläsch* (SK) – *Fleisch* (LK), *Koch* (SK) – *Kouch* (LK) und so weiter. Die landkölschen Laute in *Lewfel* oder *Pewfer* lassen sich mit Hilfe der Buchstaben auch nicht annäherungsweise darstellen, man muss sie hören!

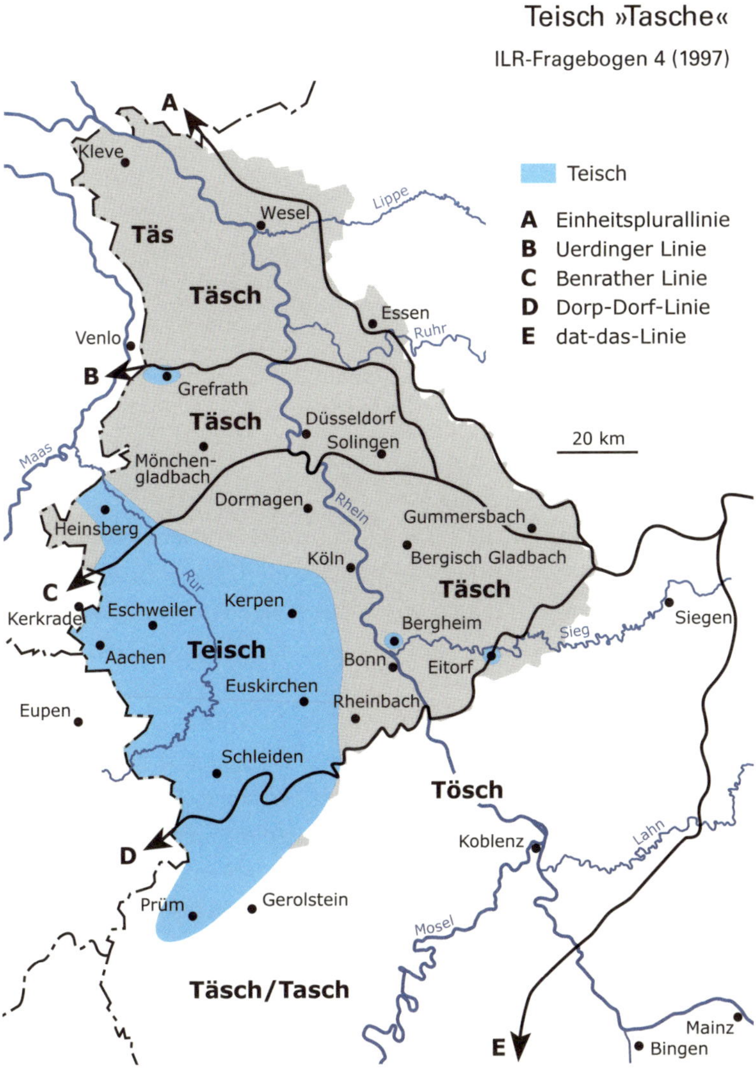

Eines der ungewöhnlichsten Kartenbilder aus der Sprachkartografie des Rheinlands: *Teisch* »Tasche«

Die Karte zeigt die geografische Verbreitung von *Teisch* »Tasche« im ausgehenden 20. Jahrhundert (siehe Seite 61). Die Zwielaute kamen vor allem im westlichen Rheinland vor.

In Wilhelm Müllers Doktorarbeit sind viele weitere Lautoppositionen zwischen dem Stadt- und Landkölschen aufgelistet; eine Auswahl:

	SK	LK	Hochdeutsch
8	*veer, Beer*	*vi-e, Bi-e*	vier, Bier
9	*Boor, Troor*	*Bu-e, Tru-e*	Bauer, Trauer
10	*dör, För*	*dü-e, Fü-e*	teuer, Feuer
11	*hanteere*	*hanti-ere*	hantieren

Zur Gruppe 11 gehörten wohl alle Tätigkeitswörter, die im Standarddeutschen auf *-ieren* enden. An *veer* schließt sich im Stadtkölnischen auch das *Veedel* »Viertel«/»Stadtviertel« an. Der *Veedelszoch* verrät also schon durch seine Lautung, wo er entstanden ist. Wenn das Wort heute auch außerhalb Kölns zur Bezeichnung bestimmter Karnevalsumzüge verwendet wird, gehört es zu der langen Reihe kölscher Sprachexporte, gerade im Umfeld Karneval (siehe Seite 93). Auffällig ist, dass Müller in *vi-e, Bu-e* oder *dü-e* auch nicht den kleinsten Rest eines *r* hören wollte. Für das Stadtkölsche notierte er hier *veer, Boor* und *dör:* »Wie viel« *r* hier vor hundert Jahren tatsächlich artikuliert wurde oder ob der Wortauslaut nicht schon genauso klang wie heute (akustisch ist kein *r*-Laut mehr vorhanden!), lässt sich nicht klären.

Wo genau im Einzelfall die stadtkölsche Variante zu hören war und wo die landkölsche Form verwendet wurde, darüber gibt der aus Deutz stammende Doktorand des Jahres 1912 keine Auskunft. Die Wenker-Fragebogen aus dem Jahr 1884/85, damals wie heute aufbewahrt in Marburg/Lahn, standen ihm nicht

Fleisch/Fleesch

Wenker-Fragebogen 1884/85

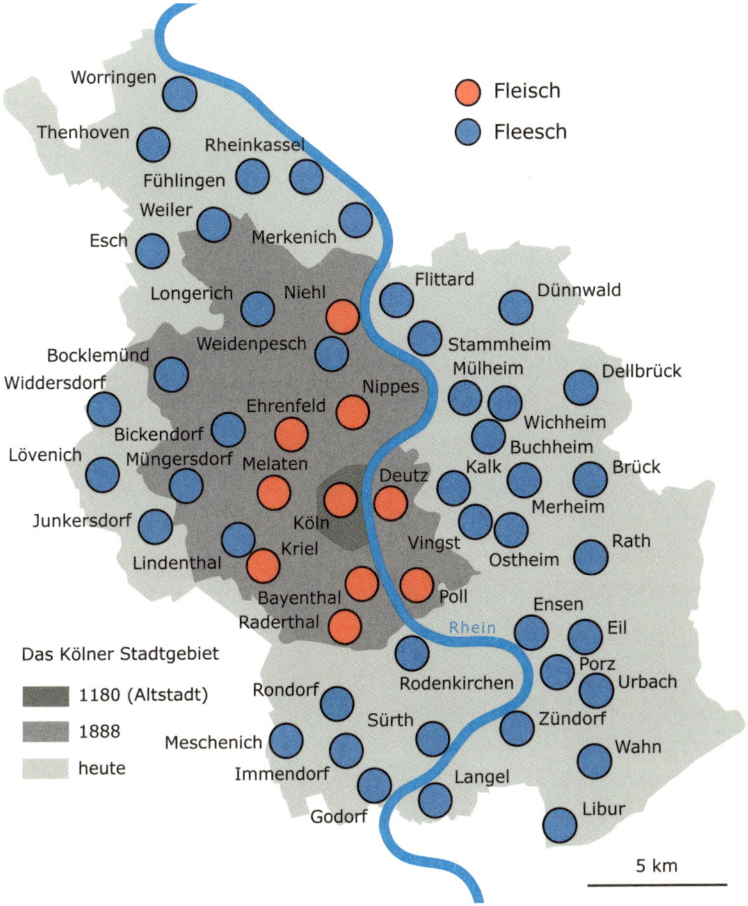

Rot steht für die stadtkölsche Form *Fleisch*, blau für landkölsch *Fleesch* »Fleisch«; die Angaben finden sich auf den Wenker-Fragebogen von 1884/85.

zu Verfügung. Für viele der von ihm beobachteten Lautoppositionen hätten diese Bogen aber Aufschluss gegeben, etwa der Satz 17 (siehe Seite 55), wo es um *Kleider* oder *Kleder* (SK – LK) ging und wo sich ganz verschiedene Verschriftungen für das *r* am Wortende *(für, füe, fühe)* beobachten ließen.

Die beiden Karten zeigen die Situation, wie sie sich zu Wenkers Zeiten für die Verteilung von *Fleisch* und *Fleesch* »Fleisch« und *jeloufe (= jelaufe)* und *jelofe* »gelaufen« darstellte: Die stadtkölschen Varianten *Fleisch* und *jeloufe (= jelaufe),* auf der Karte rot, wurden 1884/85 für die Stadt Köln sowie, in den Worten Wilhelm Müllers, »in den nahe vor den Toren liegenden städtischen Vororten« verwendet: linksrheinisch zwischen Niehl, Ehrenfeld und Raderthal, aber auch auf der *schäl Sick:* in Deutz und Poll. Bei anderen Wörtern dieser beiden Lautgruppen, etwa bei »heiß« oder »Auge«, kommt es zu kleinen Abweichungen. So tauchte der stadtkölsche Zwielaut in *heiß* damals etwa in Longerich und sogar in Fühlingen auf, ebenfalls in Porz und Ensen. Insgesamt aber zeichnet sich ein recht klares Bild ab: In der alten Stadt Köln und in ihrer direkten Umgebung war 1888 mit *ei* und *ou (au)* zu rechnen, wo die Dialekte im weiteren Umkreis die Langvokale *e* und *o* hatten.

Als Schang vum Vugelsang veröffentlichte Goswin Peter Gath 1959 sein »Kleines Wörterbuch der Kölner Mundart«. Den ersten Absatz im Vorwort zu diesem Buch widmete er dem Verhältnis von Stadt- und Landkölsch:

> Die Kölner Mundart macht schon seit vielen Jahrzehnten einen starken Verwandlungsprozeß durch, der sich seit dem letzten Weltkrieg sogar noch gesteigert hat. Dabei gerieten einerseits zahllose altkölsche Wörter in Vergessenheit oder wurden durch hochdeutsche ersetzt; und andererseits wurde im innersten kölnischen Stadtgebiet immer mehr

jelaufe/jelofe

Wenker-Fragebogen 1884/85

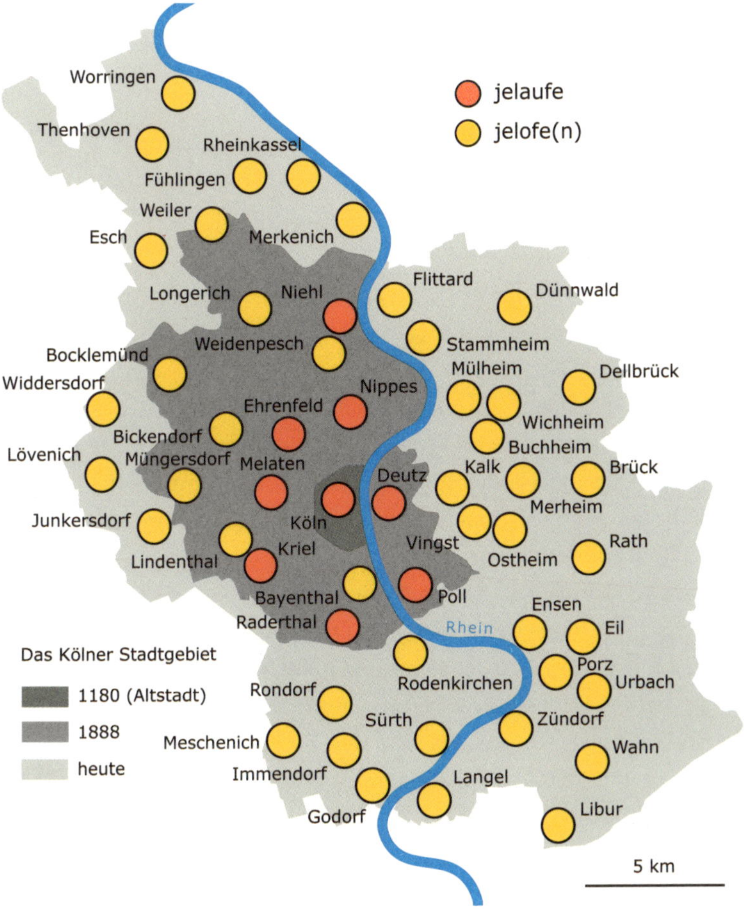

Stadtkölsch *jelaufe (jeloufe)*, landkölsch *jelofe(n)* im ausgehenden 19. Jahrhundert

die landkölnische Mundart – also das sogenannte »Kappesbäuerische« – von erheblichem Einfluß. So sagt man, um nur ein einziges Beispiel für das erstere zu geben, schon lange nicht mehr »Moder«, sondern gebraucht dafür das hochdeutsche »Mutter«. Was das »Kappesbäuerische« angeht, benutzt dieses vor allem andere Vokale oder Selbstlaute als das echte Kölsch. Da heißt es z. B. Buur, Muur, Uhr statt Boor, Moor, Ohr, ferner ihre, fiere, lihre statt ehre, feere, lehre, außerdem hüre, stüre, Füür statt höre, störe, Föör. Endlich läßt es alle Haupt- und Zeitwörter, die in echtem Kölsch auf -eer oder -eere enden, auf -ier oder -iere ausgehen, z. B. grateliere, kummandiere, traktiere statt grateleere, kummandeere, trakteere.

Man hat für das 20. Jahrhundert also mit zweierlei Bewegungen auf der Sprachkarte zu rechnen: Mit der Ausbreitung stadtkölscher Varianten »nach außen« und mit der Übernahme landkölscher Formen »innerhalb« der alten Stadt. Befragungen im 21. Jahrhundert bestätigen beides (siehe Seite 123).

Die Begriffe Stadtkölnisch und Landkölnisch werden inzwischen eher selten gebraucht. Der Autor Ludwig Soumagne, Namensgeber des in Zons beheimateten Internationalen Mundartarchivs Ludwig Soumagne, nannte seinen Dialekt zeitweise landkölnisch. So erschien 1981 sein Band »Sargnääl möt Köpp« mit dem Untertitel »Gedichte im landkölnischen Dialekt«.

Die »Kappesbauern«

Goswin Peter Gath, der Schang vum Vugelsang, bezeichnete Landkölsch 1959 als das »Kappesbäuerische«, dazu gehörten Verbformen wie *grateliere* oder *kummandiere,* die, wie Gath sich ausdrückte, »in echtem Kölsch« auf *-eere* enden *(grateleere, kummandeere).* Für ihn war Stadtkölsch also das »echte« Kölsch. Und was waren (oder sind) die »Kappesbauern«?

In der Kindheit Ernst Weydens, also in den ersten Jahrzehnten des 19. Jahrhunderts, lebten die Kölner Kappesbauern innerhalb der Stadtmauern, aber eben in den Außenbezirken und nicht in der Stadtmitte: »Heißt es im Herzen der Stadt z. B. ›Vatter‹, ›Mutter‹, so hört man nach den Grenzen der Altstadt schon ›Vader‹ und ›Moder‹ und unter den Kappesbauern ›Va‹ und ›Mo‹« (siehe Seite 55). Weyden wies ihnen die älteren oder altertümlichen Sprachvarianten zu. Klang »Kappesbauer« in diesem Kontext wertneutral?

In Adam Wredes Wörterbuch wird das Stichwort *Kappesboor* anhand der Kölner Stadtgeschichte erklärt:

> Gemüsebauer, Gemüsezüchter, vornehmlich an den Haupttorstraßen Kölns ansässige Bebauer des Garten- und Ackerlandes im Weichbild Kölns, Mitglieder der Kölner Bauerbänke (Agrargenossenschaften s. Adam Wrede, Die Kölner Bauerbänke. 1905). Anbau u. Kultur des Weißkohls standen seit alters im Bereich der Kölner Bauerbänke unmittelbar hinter den Haupttoren ins Kurkölnische (Landkreis Köln) hinein u. weiter im Neußer, Grevenbroicher, Kempener Land in hoher Blüte, auch die Ausfuhr per Achse u. zu Schiff.

Doch dem *Kappesboor* haftete etwas Abwertendes an: »Kappesbauer war also ein Begriff, bedeutete etwas, aber dennoch wurde *Kappesboor* vielfach verächtlich gebraucht u. von den Bauerbanksgenossen selber auch so empfunden; deshalb nannten sie sich Gärtner oder Ackerbürger.« Die Stadterweiterungen gingen auf Kosten der landwirtschaftlich genutzten Fläche: »Allmählich starben *de Kappesbore* als Volksschicht, Stand u. Erwerbszweig aus, um 1910 lebten nur noch wenige«, so wiederum Adam Wrede.

Menschen wollen sich im Raum orientieren, auch im Sprachraum; Orientierungshilfen dabei sind einschlägige Begriffe. Von Köln aus betrachtet, kamen oder kommen also Bezeichnungen wie »Stadtkölsch« versus »Landkölsch« oder auch »echt Kölsch« versus »Kappesbäuerisch« in Betracht. Weitere Alternativen sind »Kölsch« versus »Platt«, das dann noch genauer als »Fürjebirgsplatt« oder auch als »Buureplatt« abgestempelt werden kann. Als ein aus dem Norden Kölns stammender, vor dem Zweiten Weltkrieg geborener Gewährsmann 2017 seinen Fragebogen zurückschickte, fügte er entsprechende Kommentare hinzu:

> Ich tue mich schwer, wenn von »Kölsch« in Zusammenhang mit »Platt« die Rede ist. Platt, so sagte man, sproche de Buure, im südlichen/südwestlichen Bereich war es das »Fürjebirgsplatt«, im Norden/Nordwesten das »Buureplatt«. Platt war die Sprache in den Dörfern um Köln linksrheinisch herum; daß man vom Platt im rechtsrheinischen Gebiet sprach, kann ich mich nicht erinnern.

Das Vorgebirge gilt im Raum Köln-Bonn als ländliche und von der Landwirtschaft geprägte Zone schlechthin, *Fürjebigsplatt* ist demnach eine geografische Zuordnung (Raum Brühl, Bornheim, Alfter) wie auch eine soziale Eingruppierung (bäuerliches Platt). – Zurück zu dem Kölner Fragebogen. *Kappesbuure*, so der Gewährsmann weiter, kannte man in seiner Jugend auch, sie wohnten in Nippes:

> [Ich] spreche also eher die Sprache der Nordstadt. Die unterscheidet sich in mancherlei von der Südstadt. Beides

> übrigens früher weniger gebräuchliche Begriffe, man kam »us dr Spetz« (= Severinsviertel/Fringsveedel) oder »vum Eijelstein« (= Nordstadt, Betonung auf Stadt). In meiner Kindheit ging man z.B. vom Riehl (eh und je Stadtteil) »en et Ausland«, wenn man nach Nippes ging. Do woren de Kappesbuure daheim!

Wer sprachbegabt war, konnte die verschiedenen Varianten, situativ wechselnd, gezielt einsetzen:

> Als Schüler und auch Student [...] habe ich gelegentlich, wenn Not am Mann war, einem Freund, der aus einer Markthändlerfamilie stammte, samstags geholfen und Obst oder auch Weihnachtsbäume verkauft. Mein Freund [...] sprach kein Wort Hochdeutsch, legte aber Wert darauf, in etwa die Sprache seiner jeweiligen Märkte zu sprechen. So rollte er – wie dort üblich – auf zwar städtischen, aber südlich gelegenen Märkten das »R«, wie es eben das Fürjebirgsplatt tut. In Nippes (Wilhelmplatz) und Riehl (Gürtel) tat er das nicht.

Will der Kölner einen Dialekt als »anders« und »ländlich« (Stichwort »Pampa«) markieren, kann er ihn auch als »Eifler Platt« bezeichnen. Diese Erfahrung musste etwa ein Mann aus Erp (Erftstadt) machen, als er in Köln beschäftigt war:

> Und in Köln mit denen, wat weiß ich, mit den Messgehilfen, dat sind so richtig kölsche Kraten, die kommen dann aus Köln-Kalk, Nippes, und die sprechen nur Kölsch. Und mit denen red ich ja dann auch Dialekt, also ich versuchs dann, und die lachen sich wiederum über mich kaputt, weil ich in deren Augen halt »Eifler-Platt« spreche.

Erp liegt knapp 25 Kilometer südwestlich der Kölner Innenstadt, nach der Definition Wilhelm Müllers (siehe Seite 59) spricht man dort also landkölsch (landkölnisch). Kann sein, dass für diese Kölner Messgehilfen die Eifel schon gleich hinter der Stadtgrenze Kölns begann! Die »Kraten«: *En Krat* ist eigentlich eine »Kröte«, kann aber auch einen Menschen bezeichnen. Anfangs dürfte damit stets etwas Negatives zum Ausdruck gebracht worden sein, inzwischen kann *kölsche Krat* auch sehr freundlich klingen, gerade dann, wenn ein Kölner oder eine Kölnerin sich selbst so nennt. In dem Zitat des Erpers wurde allerdings unzweideutig eine gegenteilige Einschätzung zum Ausdruck gebracht.

Wortgeschichten: *Jeld, Mau* und *Weggemann*

Beim Geld hört vielleicht alle Freundschaft auf – der Kölner aber beschäftigt sich gern mit seinem lieben *Jeld*. Nachzulesen sind die sprachlichen Reflexe dieser Beschäftigung in Fritz Hönigs Sammlung von Sprichwörtern und Redensarten aus dem Jahr 1895. Darin sind zum Beispiel folgende Einsichten und Denkmuster zu finden:

> *Wer nom Jeld jefreit, hät et zomeesch bereut. – Et Jeld muss mer vun de Lück nemme, säht der Avekat, vun de Bäum schödde kann ich et nit. – Dä es op et Jeld we der Düvel op en ärm Siel. – För Jeld kammer der Düvel danze loße. – De han Jeld we Heu, ävver nit esu lang. – Mer schött et Jeld nit us der Mau. – Klei Jeld, jehauen Holz un jeschnedden Brud hält nit lang beim ärme Mann. – We et Jeld, su de Predig. – Met Jeld un Joddes Woot muss mer keine Spott drieve. – Wo Jeld et große Woot föht, höht alles Redden op.*

Übersetzt:

> Wer nach dem Geld gefreit, hat es meistens bereut. – Das Geld muss man von den Leuten nehmen, sagt der Advokat, von den Bäumen schütteln kann man es nicht. – Der ist aufs Geld aus wie der Teufel auf die arme Seele. – Für Geld kann man den Teufel tanzen lassen. – Die haben Geld wie Heu, aber nicht so lang. – Man schüttelt das Geld nicht aus dem Ärmel. – Kleingeld, geschlagenes Holz und geschnittenes Brot halten nicht lange beim armen Mann. – Wie das Geld, so die Predigt. – Mit Geld und Gottes Wort darf man keinen Spott treiben. – Wo Geld das große Wort führt, hört alles Reden auf.

Hönigs Originalschreibung wurde hier leicht verändert, wobei auch das große *G*, mit dem er *Jeld* schrieb, durchgängig durch *J* ersetzt wurde. Der Kölner, siehe Konrad Adenauer, sprach vom *Jeld*, von *jehauen Holz* oder von *Joddes Woot* – sobald er schrieb, orientierte er sich in diesem Punkt aber an der Schriftsprache *(Geld, gehauen, Goddes).*

In den zitierten Wendungen kommt mit *Mau* »Ärmel« nur ein einziges Wort vor, das im heutigen Hochdeutsch unbekannt ist. *Mau* begegnet als *mouwe* im Mittelalter sowohl im niederdeutschen und niederländischen als auch im hochdeutschen Sprachraum. In Texten aus Köln schrieb es sich damals *mowe* oder *mouwe*. Den Sprung in das Standarddeutsche unserer Tage hat das Wort nicht geschafft, während es sich im Kölschen (als *Mau*) gehalten hat – und auch im modernen Niederländischen: Da sagt (schreibt) man *mouw,* die Wortbedeutung ist dieselbe. Unter dem Buchstaben M findet sich in Hönigs Sammlung ein weiterer Beleg: *Dat schött dä us der Mau.* Zu übersetzen wäre er durch: Das schüttelt der aus dem Ärmel.

Was ein *Weckmann* ist, braucht Kölnerinnen und Rheinländerinnen nicht erklärt zu werden (auch wenn das Wort im Rechtschreib-Duden fehlt). Es ist ein von Hand geformtes Gebäck aus Weizenmehl, das die Figur eines Menschen (eines Mannes) hat, wobei Kopf, Körper, Arme und Beine modelliert sind. Rosinen (oder Korinthen) markieren die Augen; oft ziert den *Weckmann* eine eingebackene Tonpfeife. In der Fachsprache der Volkskundler gehört dieses Gebäck zu den »Gebildbroten«. Auf Kölsch heißt das Männlein *Weggemann* oder auch *Weckmann*.

Als das LVR-Institut für Landeskunde und Regionalgeschichte 2011 einen Dialektfragebogen verschickte, auf dem es auch um die Bezeichnungen für dieses saisonale Gebildmännchen ging, war auf den kölschen Antwortbogen *Weggemann* zu lesen, seltener *Weckmann*. Auf der Karte werden beide Varianten gelb dargestellt. Für Nippes wurde *Hirzemann* gemeldet, eine Bezeichnung, die sonst im Raum Bonn-Königswinter vorkommt; wörtlich übersetzt wäre das ein »Hirschmann«. Auf dem Fragebogen für Weiden waren zwei Antworten zu finden: *Weggemann* und – in der Schreibung der Gewährsperson – »*Hellije Mann's Kälche*«. Der *hellije Mann* (der »heilige Mann«) war natürlich der Nikolaus, der den Kindern die Gaben brachte.

Lila zeigt auf der Karte an, dass entweder mehrere Bezeichnungen für einen Ortspunkt zu verarbeiten waren oder dass das Gebildbrot einen Namen hatte, der nicht in der Kartenlegende aufgeführt ist. *Stutenkerl* (grün) kommt im Rheinland vor allem in der Nähe zu Westfalen vor; dort ist *Stutenkerl* allgemein verbreitet. *Buckmann* (blau), zu übersetzen als »Bauchmann«, dominiert im Großraum Viersen-Mönchengladbach. Der *Kloskerl* (rot) heißt so, weil er ursprünglich zum Fest des heiligen Nikolaus, *Klos*, gehörte. Er begegnet in verschiedenen Regionen: Auch im Kölschen war dieser Name einst gebräuchlich.

Weckmann/Stutenkerl

ILR-Fragebogen 9 (2011)

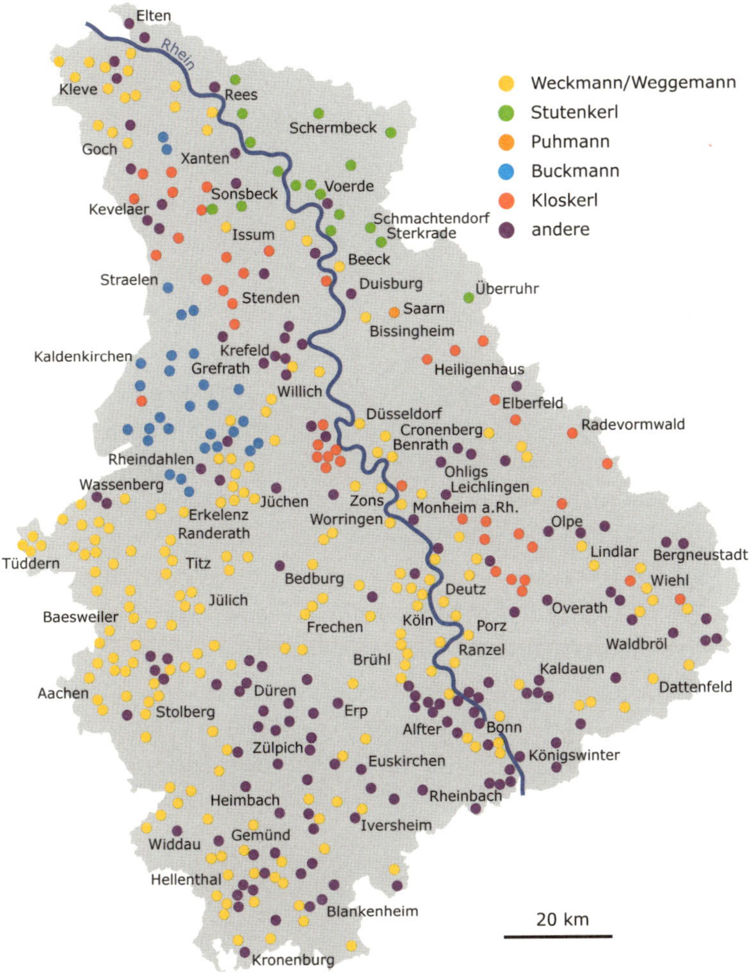

Heute tummeln sich in den Dialekten des Rheinlands neben *Weckmann* und *Weggemann* (gelb) zahlreiche andere Bezeichnungen für das Männchen mit und ohne Pfeife.

Adam Wrede brachte 1922 seine »Rheinische Volkskunde« in zweiter Auflage heraus. Darin schrieb er über die Zeit vor Weihnachten: »Während der ganzen Adventszeit erscheinen in den Fenstern der Bäckerläden die ›Klaskerle‹ oder ›Helejemanskäälscher‹ aus Semmelteig, mit Korinthenaugen und einer weißen Tonpfeife«. Die *Helejemanskäälscher* »Heiligermannskerlchen« werden auf den Kölner Dialektfragebogen des Jahres 2011 nur noch einmal genannt, die kölschen *Kloskerle*, bei Wrede zu *Klaskerle* verhochdeutscht, überhaupt nicht mehr. Am Ende des 19. Jahrhunderts müssen beide Bezeichnungen im Kölschen noch oft zu hören gewesen sein. Seitdem hat der *Weggemann* (oder *Weckmann*) sie verdrängt.

Im »Rheinischen Wörterbuch« ist dazu nachzulesen, dass die Dialektsprecher vor einem Jahrhundert die Tendenz zeigten, die ältere Bezeichnung *Klos* durch *helleje Mann* zu ersetzen. Damals, als im Rheinland noch sehr viel mehr Dialekt gesprochen wurde, hatten die Menschen überall örtliche Bezeichnungen für den Weckmann; aus den Antworten auf den Fragebogen lassen sich neben den in der Kartenlegende berücksichtigten Weckmann-Wörtern für den Dialekt erschließen: *Hirzemann, Piefekerl, Klosmann, Märtesweck, Stutte* und andere. In der heutigen Umgangssprache (im Hochdeutschen) dominieren dagegen großräumig *Weckmann* und – im Nordosten – *Stutenkerl*.

Rheinisch

Die Kölner »Ausstrahlung«

Keine andere Stadt hat die Dialektlandschaft des Rheinlands so stark geprägt wie Köln – und das über Jahrhunderte hinweg. Aachen, Bonn, Neuss, Düsseldorf – kein Ort kann sich hinsichtlich der sprachlichen Vorbildfunktion mit Köln messen. In den 1920er Jahren hat sich Theodor Frings, Dialektforscher an der Universität Bonn, sehr intensiv mit diesem Phänomen beschäftigt, dabei lag sein Augenmerk besonders auf den Lauten der Mundart. So konnte er beobachten, dass sich im Laufe der Zeit immer wieder südliche Sprachelemente entlang der Rheinschiene nach Norden ausgebreitet haben, bis nach Köln hin und über die Stadt hinaus. Andererseits war Frings besonders an den Aspekten der Kölner »Ausstrahlung« interessiert, womit er die Ausbreitung stadtkölscher Dialektmerkmale im Rheinland und darüber hinaus meinte. Die Übernahme kölscher Lauteigentümlichkeiten in der engeren und weiteren Umgebung hielt er in prägnanten Kartenbildern fest; ein Beispiel dafür ist die Karte zur Mehrform »Zeiten« (siehe Seite 77).

Im Altkölschen enthielt *Zigge* noch ein *d* (man vergleiche niederländisch *tijden*), daraus entwickelte sich später das *g*. Dasselbe Phänomen findet sich im Kölschen in *rigge* »reiten« oder *wigger* »weiter«, in *Büggel* »Beutel« oder *lügge* »läuten« und in *lugge* »lauten«. Der Wechsel zum *g* wird in der Sprachwissenschaft als »Velarisierung« bezeichnet. Am Silbenende ist in vergleichbaren Fällen ein *k* zu hören: *Zick* »Zeit«, *Rickpäd* »Reitpferd«, *wick* »weit«, *jelück* »geläutet«, *hück* »heute«, *Lück* »Leute« oder *Huck* »Haut«. Auch wenn wir hier *gg* und *ck* schreiben: gesprochen wird jeweils nur ein einzelner Laut: *g* oder *k!*

Bei der Karte handelt es sich um eine vereinfachende Umzeichnung, die von Theodor Frings seinerzeit publizierte Karte wies eine komplexere Darstellung auf. Zugrunde liegen die Fragebogen Georg Wenkers aus dem 19. Jahrhundert. Zum *Zigge*-Gebiet werden auf der Karte auch Varianten wie *Zegge* oder *Zeckte* gerechnet. Wie in Köln *(Zigge)* spricht man also im weiten Umland der Stadt: Es handelt sich damit um das Paradebeispiel einer Karte, auf der der Vorbildstatus der Metropole Köln und ihrer Sprache abzulesen ist. Im Wortschatz der rheinländischen Dialekte zeigen sich ähnliche Verhältnisse: Die Übereinstimmungen zwischen dem Kölschen und den Dialekten der (engeren wie weiteren) Umgebung sind bemerkenswert, wie etwa die Karten im »Rheinischen Wortatlas« von Helmut Lausberg und Robert Möller erkennen lassen.

Die Buchtitel »Rheinischer Wortatlas« oder »Rheinisches Wörterbuch« beziehen sich auf die ehemalige preußische Rheinprovinz. In preußischer Zeit, die im Rheinland ja bis 1945 dauerte, wurde »Rheinisch« mit dem Gebiet der Rheinprovinz gleichgesetzt – und das reichte im Norden bis Emmerich und im Süden bis Saarbrücken. Wenn heute aber von den »rheinischen Dialekten« oder kurz vom »Rheinischen« (als einem Sprachraum) die Rede ist, wird meistens ein anderes, ein kleineres Gebiet gemeint sein – aber welches? Köln gehört immer zum Rheinland, ebenso wird Kölsch immer zum Rheinischen gerechnet – aber Solingen oder Mönchengladbach und ihre jeweiligen Dialekte? Wie die Karte zum Rheinischen Fächer erkennen lässt (siehe Seite 19), wird in der Dialektforschung der Raum um Köln als Ripuarisch bezeichnet: Abgegrenzt wird er aufgrund

Zigge (und Varianten) »Zeiten«

nach Frings 1926/1966

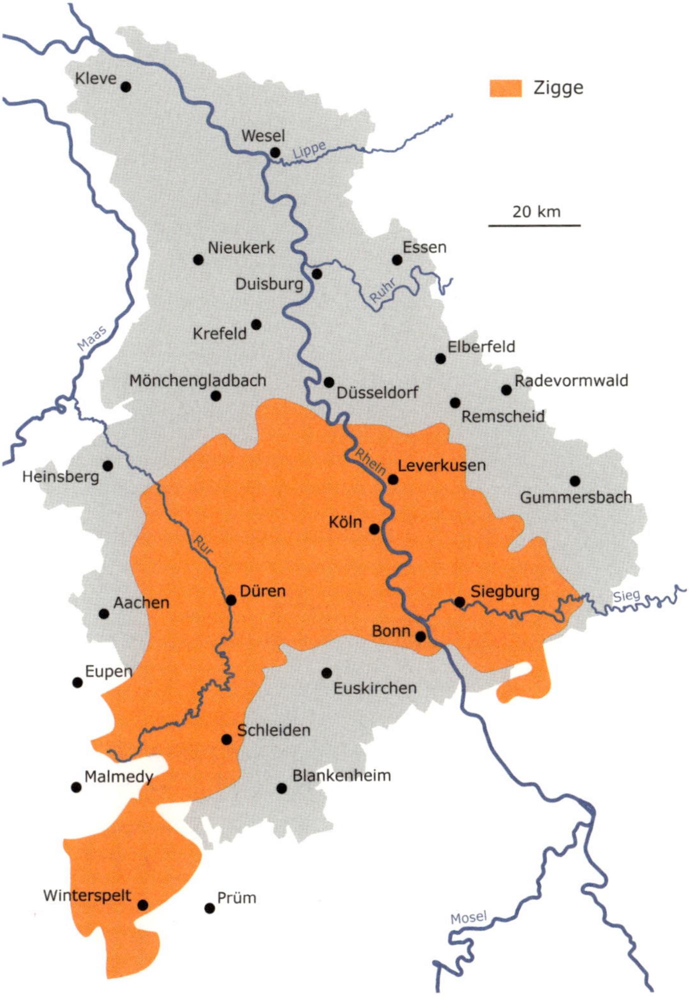

Die Form des *Zigge*-Gebiets legt nahe, dass die Ausbreitung dieser »velarisierten« Variante Köln zu verdanken ist.

klarer Kriterien. »Rheinisch«, als Bezeichnung eines Dialektraums, ist ungenauer.

Die Dialektsprecher des Rheinlands kennen viele sprichwörtliche Redensarten, in denen die historische Sonderstellung der alten Metropole Köln zum Ausdruck gebracht wird. So sagen die Voreifler aus der Euskirchener Ecke *Et schmäät wie ze Kölle,* wenn es einmal ganz besonders lecker schmeckt. Auf einem sehr stumpfen Messer kann man *om bläcke Hengesch von hee bös no Kölle regge, ohne sich ze schnegge,* man kann also auf einem solchen Messer »auf dem nackten Hintern von hier bis nach Köln reiten, ohne sich zu schneiden«. Wo es besonders lebendig und laut ist, geht es zu *wie em Kölsch Hännesje,* wobei der Trubel im Hänneschen-Theater zum Maß aller Dinge wird. Und ein Mann aus der Voreifel, der jemandem anvertraut, er müsse einmal wieder *no Kölle vahre,* meint damit nichts anderes als die Aussicht auf sexuelle Eskapaden. Auch hier hatte die Großstadt mehr zu bieten als Euskirchen oder Großbüllesheim.

Im Sommer 2018 waren in Köln Plakate zu sehen, auf denen mit »Et hätt noch emmer joot jejange.« für ein alkoholisches Getränk – nicht für ein Bier – geworben wurde. Darunter war in hochdeutscher Sprache zu lesen: »Warum zögerst Du denn bei diesem hier?« Die meisten Passanten und Passantinnen werden beim ersten Lesen wohl an das Kölsche Grundgesetz gedacht haben, einer seiner Sprüche (Artikel) lautet ja genau so (oder ganz ähnlich). Dass man bei der genauen Lautung und der exakten Schreibung sehr vorsichtig sein muss, ist nicht zuletzt dem Umstand zu verdanken, dass es neben dem Kölschen auch das Rheinische Grundgesetz gibt. Oder sind beide identisch? In welchem Verhältnis sie zueinander stehen und wie viele Varianten und Versionen es insgesamt gibt – das überblickt so schnell sicherlich niemand. Viele werden hier unwillkürlich an Konrad Beikirchers Buch »Et kütt wie't kütt«

Das kölsche Grundgesetz

§ 1 Et es, wie et es
§ 2 Et kütt, wie et kütt
§ 3 Nix bliev, wie et es
§ 4 Et hät noch immer jot jejange
§ 5 Mäht nix
§ 6 Wat fott es, es fott
§ 7 Jede Jeck es anders
§ 8 Wat soll dä Quatsch
§ 9 Hammer immer esu jemaat
§ 10 Hammer nit, bruche mer nit, fott domet
§ 11 Drink doch ene met

»Et hätt noch emmer joot jejange« oder
»Et hät noch immer jot jejange« oder …:
Wie viele Varianten mag es wohl geben?

aus dem Jahr 2001 denken, dessen Untertitel »Das rheinische Grundgesetz« lautet.

Die Dialekte des Rheinlands, die »rheinischen« Dialekte, sind stark vom Kölschen geprägt; das mag ein Grund dafür sein, dass Kölsch und Rheinisch mitunter gleichgesetzt werden. Außerdem war und ist Kölsch der bekannteste Dialekt dieses Raumes – auch das trägt dazu bei, dass nicht unbedingt zwischen Kölsch und Rheinisch differenziert wird. Ja, hinter dem übermächtigen und allgegenwärtigen Kölsch kann das Rheinische gewissermaßen verschwinden, so dass sich die Größenverhältnisse, gemessen in Quadratkilometern und Einwohnerzahlen, sozusagen in ihr Gegenteil verkehren.

Rheinische Umgangssprache

»Rheinisches Deutsch« ist der Titel eines Buches aus dem Jahr 2005, das seine Leser für die dritte Sprachlage im Rheinland – zwischen Dialekt (Kölsch) auf der einen Seite und Hochdeutsch auf der anderen – sensibilisieren wollte. Als Kapitelüberschriften hat der Verfasser reale Sätze aus dem Sprachalltag gewählt: »Hörbelege«. Einige Beispiele:

Muss nitt de Omma lang machen, jut?
Dat Wichtige is, dat man jesund is …
Villeischt kann et Sabine gleisch ma helfen.
… also wären-t meine Jäste, ne.
Mir hatten frühe imme Schwierichkeiten in de Schule.
Et bleibt heute nix übber.
So schnell kömmer nimmer laufen.
Wir fuhren um nach Köln.
Bis nach die Tage!

Einige dieser Sätze sind Kölnerinnen und Kölnern zu verdanken, andere stammen aus einem Gebiet, das von Aachen bis nach Solingen und von Krefeld bis zur Eifel reicht. In diesem Raum ist »zwischen« Dialekt und Hochdeutsch eine regionale Umgangssprache angesiedelt, für die die Menschen oft gar keinen eigenen Namen haben. Die Umgangssprache lehnt sich ans Hochdeutsche an, setzt sich vom Dialekt (vom Kölschen) klar ab, enthält aber auch unüberhörbare Dialektmerkmale (Kölschmerkmale). Mit den Dialekten hat die Umgangssprache etwa die auffälligen Kleinwörter *dat, wat* und *et* gemeinsam, so dass man auch von der »dat-und-wat-Sprache« sprechen könnte; in der Sprachwissenschaft heißt sie »Regiolekt«. Viele Eigenheiten, mit deren Hilfe sich örtliche Dialekte voneinander unterscheiden lassen, fallen auf der Ebene des Regiolekts ersatzlos weg: Ob es im Dialekt nun *laufe* oder *lofe* heißt, im Regiolekt ist *laufen* zu hören. Ob die Dialektvariante nun *Zick* oder *Zitt* lautet, im Regiolekt sagt man wie im Hochdeutschen: *Zeit*.

Wenn Regiolekt gesprochen wird, ist es sehr viel schwieriger als im Dialekt, den Herkunftsort eines Menschen anhand seiner Sprache zu identifizieren; der Regiolekt klingt in Köln ganz ähnlich wie in Bonn oder in Erp und nicht sehr viel anders als in Düren oder Aachen: Die Sprachmerkmale, die den Regiolekt vom Hochdeutschen unterscheiden, sind im Rheinland allgemein oder zumindest doch weit verbreitet, so dass diese Umgangssprache auch oft einfach als »Rheinisch« bezeichnet wird.

Kölsch und Regiolekt sind die beiden im Alltag dominierenden Sprachlagen auf den Straßen Kölns, man könnte auch sagen: Kölsch und Rheinisch. Ein bekannter Adenauer-Satz, der in dem genannten Buch ebenfalls als Kapitelüberschrift auftaucht, lautet: *Nehmen Se de Menschen wie se sind. Andere jibt et nich.* Das ist kein Kölsch, sondern Rheinisch (im Sinne von »rheinischer Umgangssprache«).

Wie der Regiolekt in Köln klingen kann, vermittelt sehr anschaulich (»anhörlich«) eine Tonaufnahme von Samy Orfgen. Die Schauspielerin stammt aus Köln, ihr Vater Heinrich Orfgen hatte eine Gastwirtschaft auf der Luxemburger Straße. Als die Akademie för uns kölsche Sproch am Ende der 1990er Jahre ihr großes Dokumentationsprojekt durchführte, wurde auch Samy Orfgen gebeten, eine Geschichte zu erzählen, die mit dem Tonbandgerät festgehalten wurde. Sie erzählte von ihrem Vater, der großes schauspielerisches Talent gehabt habe:

> *Der hatte hinten in der Küche odder im Büro den größten Krach, en-a gab-et sone Pendeltür wie-em Wilden Westen. Da kam dä met som Kopp durch, ne, total herb drauf, sauer, sech geärgert übber örjendwat, un-o machte dä die Pendeltür auv-un strahlte übber alle vier Backen: »N-Abend! Ach, de Frau Schmitz, auch widder da. Un möcht e Frekadellchen, ich breng Ihnen eins. Tu ich noch zwei Kölsch, ne? Eja, es ju[t].« Wunderbar. Dä wor Entertainer, dä Mann. Un dä setzte sich dann aur-an et Klavier, wenn-t gemütlich wurde so na Feieramend, ne, odder auch nit. Und machte Mussik un erzählte den Leuten Geschichten. Er hat zum Beispiel erzählt, er sei einer der wenigen Übberlebenden von-er Titanic. Also, mein Vater is schonn sehr lange tot, achtensechzig is-er schonn gestorben, un da war er dreiunsibbzich. Also-t hätte durchaus möklich sein können. Er hätt et, ne – die Leute hamm dem dat geglaubt.*

Mündliche Äußerungen verschriften – eine Aufgabe, die sich auch mit detaillierten lautschriftlichen Zusatzzeichen nicht befriedigend bewältigen lässt, zumindest dann nicht, wenn die »Klänge« genau wiedergegeben werden sollen. Das gilt auch für die schriftliche Fassung dieser Tonaufnahme von Samy Orfgen. Übrigens ist im Mitschnitt dieser Geschichte in Wörtern wie

Küche, dreiunsibbzich oder *möklich* kein *ich*-Laut zu hören, wie er etwa einer »Tagesschau«-Sprecherin abverlangt wird. Verschriftungen wie *Küsche, dreiunsibbzisch* oder *möklisch* wären den Lauten, wie sie Samy Orfgen hier artikuliert hat, angemessener. Hier geht es um die »Koronalisierung«, die unten noch vorgestellt wird. Die meisten kölschen Texte, die im Druck erscheinen, entscheiden sich allerdings für die *ch*-Schreibungen.

»Rheinisch« kann also verschiedenerlei meinen: Bezogen auf die Ebene der Dialekte kann Rheinisch für das Kölsche, für einen anderen Dialekt des Rheinlands oder für den ganzen Dialektraum stehen. Rheinisch wird aber auch für den Regiolekt (die regionale Umgangssprache) verwendet, wie er in Köln und in der näheren und weiteren Umgebung der Stadt anzutreffen ist. Für begriffliche Konfusion ist damit hinreichend gesorgt.

Konrad Adenauer und Willy Millowitsch

Zwei Kölner waren in der zweiten Hälfte des 20. Jahrhunderts die bekanntesten Sprecher des Rheinischen: Konrad Adenauer und Willy Millowitsch.

»Lernt Rheinisch mit dem Bundeskanzler« – so lautete der Titel einer Langspielplatte, die 1963 in die Läden kam. Kanzler war zwischen 1949 und 1963 bekanntlich Konrad Adenauer. Für die LP hatten zwei Journalisten, Karl-Heinz Wocker und Claus Heinrich Meyer, Radio- und Fernsehaufnahmen Adenauers gesichtet und markante Passagen ausgewählt und kommentiert. Ihnen ging es um Adenauers Sprechsprache, die sie »Kanzlerrheinisch« nannten.

Gemeint war das rheinisch eingefärbte Deutsch, für das Konrad Adenauer damals in der ganzen Bundesrepublik bekannt war. Auf der LP waren denn auch Sätze zu hören wie *Meine Zu-*

hörer und Zuhörerinnen wissen wohl unjefähr alle, dass ich in Köln jeboren bin oder *Wenn fünnef Neue kommen, dann müssen einije von den Bisherijen ihre Plätze verlassen* oder *Das es ne Jeheimsprache* oder *Abber es hat alles gutgegangn*. Adenauers *ich* könnte man auch *isch* schreiben.

Konrad Adenauer lebte von 1876 bis 1967, der regionale Akzent (siehe Seite 115) gehörte zu den hervorstechenden Merkmalen seiner Sprache. Wer sich an diesen Kanzler erinnert, hat unwillkürlich seinen unverkennbar rheinischen Tonfall im Ohr. Bei vielen Menschen, die seine Kanzlerschaft bewusst miterlebt haben, steht Adenauer bis heute für rheinisch gefärbte Sprache. Für sie ist er der Inbegriff eines Rheinländers, der an seiner Sprache zu erkennen ist.

Häufig war bei dem gebürtigen Kölner das rheinische *j* zu hören: *unjefähr, Jeheimsprache*. Rheinländer mit dieser Ausspracheangewohnheit sind allerdings immer in Gefahr, dann, wenn es einmal besonders hochdeutsch klingen und deshalb das *j* unterdrückt werden soll, des Guten zu viel zu tun. Dann kommt vielleicht ein Satz heraus wie: *Mancher Wunsch der Gugend geht nich in Erfüllung*, so zu hören auf der Adenauer-LP. Eine Lautform wie *Gugend* nennt man »hyperkorrekt«. Konrad Adenauer gehörte einer Generation an, die noch in einer vom Dialekt geprägten Welt aufgewachsen war. Erst recht, wenn sie Kindheit und Jugend in Köln, dem subjektiven wie objektiven Mittelpunkt der rheinischen Sprachlandschaft, verbracht hatte. Übrigens erschien die LP Jahrzehnte später noch einmal als CD; der Titel lautete dann: »Lernt Rheinisch mit Konrad Adenauer«.

In regelmäßigen oder unregelmäßigen Abständen führt das in Allensbach ansässige Meinungsforschungsinstitut Befragungen zu den deutschen Dialekten durch, so auch 1972, neun Jahre nach dem Erscheinen der Adenauer-LP. Einer Kölner Tageszeitung war die Erhebung – vermutlich wegen ihres aus der Sicht

Seite 14 K 25. IV. 72 EXPRESS

Dialekte sollen wieder salonfähig werden

Montags nur kölsch in der Schule

Willy, Lotti und Else machten Kölsch weltbekannt

Umfrage: Im Familienkreis wird fast nur platt gesprochen

Von HEINZ HORRMANN

exp Köln — Wünschen Sie sich morgens zum Frühstück von Ihrer Frau auch „e Röggelchen mit Blootwoosch?" Und fragen Sie Ihren Arbeitskollegen jovial „Drinkste ene met?" — Keine Sorge... Kölsch reden gilt nicht mehr als unfein. Wer Dialekt spricht, zeigt Lebensfreude. Das erklären Psychologen und selbst der Fachausschuß für Umgangsformen ist dieser Meinung. Der beliebteste — weil lustigste — Dialekt im ganzen Land ist Kölsch. Das haben die Meinungsforscher ermittelt.

H. G. Schnitzer

Bei einer Befragung: Welchen Dialekt — ihren eigenen einmal ausgenommen — empfinden Sie als angenehm?, erklärten 48% der Bürger von Flensburg bis Oberstdorf: „Den Kölner Tonfall." Ähnlich oft wurde nur der Berliner Dialekt (47%) genannt. (Mehrnennungen waren möglich.) Dann folgten der Frankfurter Tonfall (34%), das Bayerische (32%) und das Hamburger Platt (28%). Als Gründe für die „Kölschwahl" wurden angegeben: Dieser Dialekt ist lustig, witzig, schwungvoll und selbst im Zorn gesprochen niemals bösartig.

Das Institut für Demoskopie in Allensbach ermittelte: In Köln sprechen 67% der Einheimischen ihren Dialekt in der Familie, 62% im Freundeskreis und 40% bei der Arbeit.

Bekannt wurde die Kölner Mundart zuerst durch Hörspiele, dann durch die Millowitsch- und Karnevalsübertragungen.

Lotti Krekel, einer der ersten „Kölsch-Verbreiter": „Was den Leuten draußen gefällt, ist das sogenannte Fernseh-Kölsch oder Adenauer-Rheinisch, die eingedeutschte Heimatsprache mit Charme. Den ursprünglichen Dialekt der Domstadt müßte man studieren, wollte man ihn als Nichtkölner verstehen."

„Kölsch studieren" empfiehlt Professor Dr. Heinrich Lützeler. Er ist der Meinung, mit rheinischem Dialekt könne man die Lebensfreude erhöhen. Den Lehrern rät Dr. Lützeler: Montags sollten die Kinder in der Schule Kölsch reden. (Lesen Sie dazu das Interview: „Wenn Sie mich fragen".)

Im Berufsleben und beim Karrieremachen sehen immer noch sehr viele ihren Dialekt als Bremse an. Sie bemühen sich um lupenreines Hochdeutsch. Statt zu reden, wie ihnen der Schnabel gewachsen ist, vermeiden sie bei allen Berufsgesprächen peinlichst die Klangfärbung ihrer Heimatstadt. Dazu Hans Georg Schnitzer, Sprecher des Fachausschusses für Umgangsformen: „Zum Glück werden diese Leute immer weniger, Kölsch ist längst salonfähig. Auch in Vorstandssitzungen großer Firmen und auf Fachtagungen."

Die Zeitung griff hier einen Vorschlag Heinrich Lützelers auf: Schüler und Schülerinnen sollten montags Kölsch in der Schule sprechen!

der Domstadt sehr erfreulichen Ergebnisses – einen langen Artikel wert. Darin wurden dann auch ganz andere Aspekte des Kölschen thematisiert; zur Allensbach-Umfrage konnten die Kölner damals lesen:

> Bei einer Befragung: Welchen Dialekt – [I]hren eigenen einmal ausgenommen – empfinden Sie als angenehm?, erklärten 48 % der Bürger von Flensburg bis Oberstdorf: »Den Kölner Tonfall.« Ähnlich oft wurde nur der Berliner Dialekt (47 %) genannt. (Mehrnennungen waren möglich.) Dann folgten der Frankfurter Tonfall (34 %), das Bayerische (32 %) und das Hamburger Platt (28 %). Als Gründe für die »Kölschwahl« wurden angegeben: Dieser Dialekt ist lustig, witzig, schwungvoll und selbst im Zorn gesprochen niemals bösartig.

Zweierlei ist hervorzuheben. Erstens: Kölsch war in der Mitte der 1970er Jahre in Deutschland offensichtlich so bekannt, dass es bei einer landesweiten Befragung auf dem ersten Platz landen konnte. Zweitens: Wenn Kölsch als »lustig, witzig, schwungvoll und selbst im Zorn gesprochen niemals bösartig« eingeschätzt wurde, dann wohl deshalb, weil damals so viele Deutsche die Aufführungen des Millowitsch-Theaters im Fernsehen sahen. Im Zeitungsartikel hieß es dazu: »Bekannt wurde die Kölner Mundart zuerst durch Hörspiele, dann durch die Millowitsch- und Karnevalsübertragungen.« Das Foto daneben zeigte den Theaterchef Willy Millowitsch (1909–1999) mit den beiden Schauspielerinnen Lotti Krekel und Else (Elsa) Scholten. Die Bildunterschrift lautete: »Willy, Lotti und Else machten Kölsch weltbekannt«.

Lotti Krekel kam im Artikel auch selbst zu Wort: »›Was den Leuten draußen gefällt, ist das sogenannte Fernseh-Kölsch oder Adenauer-Rheinisch, die eingedeutschte Heimatsprache mit

Charme. Den ursprünglichen Dialekt der Domstadt müßte man studieren, wollte man ihn als Nichtkölner verstehen.‹« Eine schöne Charakterisierung: »das sogenannte Fernseh-Kölsch oder Adenauer-Rheinisch«. Spielten Millowitsch und sein Ensemble vor heimischem Publikum in Köln, war Kölsch kein Problem – es wurde verstanden. Sobald die Millowitsch-Aufführung vom Fernsehen übertragen wurde und damit bundesweit zu sehen war, musste auf die Sprachkompetenz der Zuschauerinnen in Kiel, Kassel oder Freiburg Rücksicht genommen werden.

Als der Zeitungsartikel 1972 erschien, waren Willy Millowitsch und Konrad Adenauer in Deutschland die beiden bekanntesten Vertreter der Kölner oder rheinischen Sprache. Das war aber kein Kölsch im Sinne der Sprache, wie sie in den ersten Kapiteln dieses Buches vorgestellt wurde; es war »Fernseh-Kölsch« oder »Adenauer-Rheinisch«.

War Kölsch 1972 tatsächlich »weltbekannt«, wie in der Zeitung zu lesen war? Natürlich war es damals ungleich bekannter als etwa Bönnsch oder der Dialekt von Zons. Ein Blick auf den Globus mit seinen Kontinenten und Ländern zeigt allerdings, dass es sich bei dieser Zuschreibung wohl doch um eine unzulässige Höhergruppierung handelt. Obwohl die Kölner Kulturschaffenden, allen voran Willy Millowitsch, eine sehr beachtliche Medienpräsenz erreicht hatten. Und 1972 waren ja auch die Bläck Fööss schon unterwegs (siehe Seite 106).

Wortgeschichten: *I-Dötzchen, Klüngel, Knöllchen* und *Gedöns*

I-Dötzchen, Klüngel, Knöllchen und *Gedöns* – vier kölsche Wörter, die, gegebenenfalls lautlich angepasst, nun auch im Gesamtdeutschen ihren Weg machen. Die kölschen Varianten lauten *I-Dötzje, Klüngel, Knöllche* und *Jedöns*.

I-Dötzje setzt beim *Dötzje* oder *Dotz* an, womit etwas Rundes bezeichnet werden kann und dann auch ein kleines Kind. Als *I-Dötzje* wurde tituliert, wer eingeschult wurde, anfing zu schreiben und dabei mit dem Buchstaben *I* begann: der Erstklässler. Im Hochdeutschen regionaler Prägung wurde aus dem *I-Dötzje* das *I-Dötzchen.* Und dieses Wort ist inzwischen auch in der Wochenzeitung »Die Zeit« oder im »Spiegel« zu lesen, man scheint es selbst in Bayern bereits zu verwenden: Das *I-Dötzchen* kommt gut voran. Das Wort klingt positiv, obwohl es früher einmal ein Schimpfwort größerer Schulkinder für die kleinen Anfänger war.

Wie schreibt sich *»I-Dötzchen«?* Meistens ist ja *i-Dötzchen* zu lesen, mit einem Kleinbuchstaben am Anfang. Dabei wird darauf verwiesen, dass die ABC-Schützen seinerzeit ja auch mit dem kleinen *i* und nicht mit dem großen *I* begonnen hätten. Nach dieser Logik müssten wir bei *ABC-Schütze* von einem Schulstart mit den Großbuchstaben ausgehen …

Wenn man einmal vom Karnevalsruf *alaaf* absieht, wird in Deutschland wohl kein Wort stärker mit Köln assoziiert als *Klüngel. Klüngel* (oder *Knüngel*) ist, nachzulesen in Peter Honnens Herkunftswörterbuch der regionalen Umgangssprache von 2018,

> eines der wenigen rheinischen Mundartwörter, die Eingang in die allgemeine Umgangssprache gefunden haben. Der ehemals *Kölsche Klüngel* ist heute im gesamten deutschen Sprachraum der Inbegriff für »unlautere, geheime Machenschaften, Regelung persönlicher oder öffentlicher Angelegenheiten unter der Hand, Vetternwirtschaft, Gruppen von Menschen, die sich gegenseitig fördern und Vorteile verschaffen«.

Ursprünglich bedeutete *Klüngel* oder *Knüngel* »Knäuel, Gewirr«. Es ist ein altes Wort, verwandte Wörter kommen in verschie-

I-Dötzchen/I-Männeken

ILR-Fragebogen 8 (2005)

Altersgruppe 45–64 Jahre

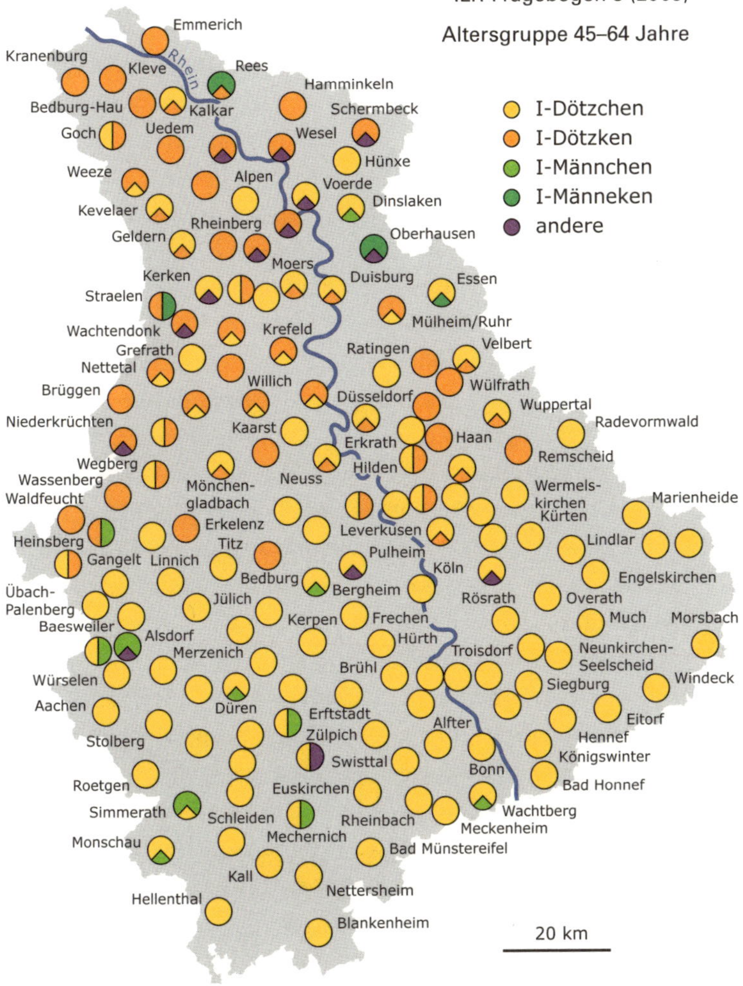

In der regionalen Umgangssprache (im Regiolekt) entspricht dem rheinischen *I-Dötzchen* (gelb) am Niederrhein das *I-Dötzken* (orange).

denen germanischen Sprachen vor; in Köln wird es 1782 zum ersten Mal greifbar, damals im Zusammenhang mit einem Lotteriespiel. In »Trübners Deutschem Wörterbuch« nimmt Köln im Wortartikel *Klüngel* einen exponierten Platz ein: »Dabei wird für die Wortgeschichte bedeutsam, daß in der Stadtmundart von Köln *Klüngel* gilt. Hier wird das Wort übertragen auf einen Kreis Menschen, in dem jedes Glied auf Gegenseitigkeit für den Vorteil des andern eintritt: *der Klüngel verschaff dem einen et Pösche, dem anderen en Ämpche, dem dretten en riche Frau.*« Werden eingängige Formulierungen für den *Klüngel* gesucht, wird gern das Zitat »Das ist so: Wir kennen uns u. wir helfen uns« ins Spiel gebracht; es wird Konrad Adenauer zugeschrieben. Der *Klüngel* gehört längst zu den Stereotypen, mit denen das Leben in der Domstadt charakterisiert wird: Typisch kölsch (zumindest stereotypisch kölsch) ist der *Klüngel*.

In Adam Wredes »Neuem kölnischen Sprachschatz« finden sich unter dem Buchstaben K die Stichwörter *Knoll* »der Knollen, die Knolle«, *Knolleboor, Knollejeseech, Knollekopp, Knollemann, knollich* und auch *knöll* »betrunken, bezecht«. Der nächste Eintrag lautet *Knöllche* »Protokoll, Strafanzeige; Geldstrafe«. Wrede schreibt zur Wortherkunft: »nicht zu Knolle«! *Knöllche* sei vielmehr ursprünglich aus *Proto-köllche* entstanden. Das eingefügte *n* aber sei dann doch irgendwie der *Knoll* oder *Knolle* zu verdanken.

Wenn das übertriebene Gehabe oder das Getue eines Menschen als *Gedöns* bezeichnet wird, wird es abgewertet: *Gedöns,* kölsch *Jedöns,* ist immer im Übermaß vorhanden, »zu lang«, »zu oft«, »zu viel«, »zu nervig«. *Jedöns* gehört in eine große Gruppe rheinischer Wörter, die mit *Je* anfangen und mit *s* enden: Man denke an *Jedämps* »dicker Rauch, Tabaksqualm«, an *Jefuutels* »Betrügerei«, an *Jekühms* »dumpfes Geächze, leichtes Gestöhn« oder an *Jerummels* »dumpf rollendes Getön; Polterlärm«; die Bedeutungsangaben sind so in Wredes Kölner Wörterbuch zu finden.

Es gibt Ausnahmen, bei denen die negative Wertung fehlt, etwa bei *Jeschnupps*, das einfach »Naschwerk« (= »Süßigkeiten«) bezeichnen kann.

Das *s* in *Jedöns* oder *Jeschnupps* gehört zu einer alten Genitivform. Der Genitiv (der zweite Fall) trat früher gern nach »viel« oder »zu viel« auf, im Hochdeutschen heute noch bei »viel Aufhebens« (mit dem Genitiv-*s*). Früher wünschte man im Rheinland einander auch *vill Jlöcks* »viel Glücks«, zum Beispiel zum Namenstag oder zum Geburtstag. *Jedön* war wohl einstmals der erste Fall (Nominativ) und *Jedöns* der zweite Fall: *et Jedön,* aber *vill Jedöns.* Diese Genitivform mutierte im Laufe der Zeit zum Nominativ, so dass es nun *et Jedöns* oder *et Jekühms* heißt. *Jedöns* setzt sich demnach aus *Je- + don* + Genitiv-*s* zusammen, wobei *don* »tun« bedeutet. Manche *Je+s*-Wörter haben mit dieser Herleitung allerdings nichts zu tun. Dazu gehört *Jemös,* das in der mittelalterlichen Sprache Kölns als *gemuse* begegnet. Der Vollständigkeit halber sei noch nachgetragen, dass sich das *-s* unter bestimmten Bedingungen in ein *-sch* verwandelt hat; so geschehen zum Beispiel bei *Jeflunkersch* »Geflunker, Flunkerei«.

Mit *Kall, Mösch* oder *Mau* verhält es sich anders als mit *I-Dötzchen, Klüngel, Knöllchen* und *Gedöns.* Die vier zuletzt genannten Wörter, allesamt im Kölschen beheimatet, haben sich in der regionalen Umgangssprache des Rheinlands etabliert. Und von dort aus »erobern« sie Deutschland. Dagegen werden *Kall, Mösch* oder *Mau* in der rheinischen Umgangssprache seltener verwendet, wobei *Kall* oder *Kalle* vielleicht noch bei älteren Leuten zu hören ist. Aber *Dachrinne (Rinne), Spatz* oder *Ärmel* haben im Rheinland, so auch in Köln, die Oberhand gewonnen. Damit fehlt die Basis für eine weitere Ausbreitung innerhalb des deutschen Sprachraums.

Wer in Deutschland *Klüngel* sagt, denkt immer Köln mit. Bei *I-Dötzchen* und *Gedöns* ist die Bindung an Köln vermutlich lockerer, aber auch diese Lexeme sind als *I-Dötzje* und *Jedöns* Elemente des kölschen Wortschatzes. Sie sind heute in den »gelifteten« Formen *I-Dötzchen* und *Gedöns* sehr weit über Köln und das Rheinland hinaus zu beliebten Wortoptionen der Alltagssprache geworden.

Kölsche Tön

Karneval am Rhein

Am Beginn der fünften Jahreszeit ereignet sich jedes Jahr in Köln ein kleines Pfingstwunder: Man versteht Kölsch! Man spricht Kölsch! Von der Wirkung des Wunders erfasst werden diejenigen, die von Haus aus kein Kölsch beherrschen, einschließlich der Zugezogenen. Es handelt sich jedoch nicht um ein Komplettwunder, geht es doch nur um das Karnevalskölsch, im Kern aus einem Vokabular von knapp zwanzig Wörtern bestehend, das am 11. November eines jeden Jahres aktiviert wird.

Zum Karnevalskölsch gehören im Einzelnen: *alaaf, Boor, Bütt* (und *Büttenrede*), *bütze* (und *Bützje,* Mehrzahl *Bützjer*), *Fasteleer* und *Fastelovend, jeck* (und *der Jeck*), *Kamell* (in der Regel: *Kamelle,* Mehrzahl), *Möhn, Stippeföttche, Strüssje* (in der Regel: *Strüssjer,* Mehrzahl), *Wiever* (und *Wieverfastelovend*) und *Zoch* (und *Veedelszoch,* Mehrzahl *Veedelszöch*). Auch wer während der Session in den Medien die Berichte über Karnevalsveranstaltungen verfolgt, kommt ohne die Kenntnis dieses Kernvokabulars nicht aus. Zusätzlich werden die Zeitungsleserinnen nun auch verstärkt den *Pänz* (seltener: *Panz,* Einzahl) und dem *Veedel* begegnen, aber die Vertrautheit mit diesen beiden urkölschen Wörtern wird bei Kölner Zeitungslesern das ganze Jahr über vorausgesetzt.

Der *Boor* ist der kölsche »Bauer«, einer der Sterne des Dreigestirns; die beiden anderen Bezeichnungen, *Prinz* und *Jungfrau,* bedürfen keiner Erläuterung. Die *Bütt* ist eigentlich eine

»Wanne« oder »Waschwanne«, die *Büttenrede* dann der »Vortrag auf einer Karnevalssitzung«. Unter *bütze* ist eine besondere Variante des »Küssens« zu verstehen, das Nomen dazu lautet *Bützje,* eine Verkleinerungsform. *Jeck* (Kölsch) und *geck* (Hochdeutsch) haben dieselbe Wurzel – aber unterschiedlicher können zwei Wortgeschichten kaum verlaufen! Im Kölschen ist *jeck* (und *Jeck*) zu einem Karnevalswort geworden und hat sich so seinen Platz im Wortschatz gesichert. Wobei zu ergänzen ist, dass *jeck* auch in seiner ursprünglicheren Bedeutung »verrückt« in Gebrauch geblieben ist. Dagegen wird man Hochdeutschsprechern sehr lange zuhören müssen, bevor aus ihrem Munde erstmals das Wort *Geck (der Geck)* zu hören ist. Von *Kölner Jecken* aber ist sehr schnell die Rede, wenn in der Zeitung oder im Fernsehen über den Karneval am Rhein berichtet wird.

Kamelle! (wörtlich »Bonbons!«), vom Rand des Zugweges aus gerufen, ist die Aufforderung an die *Jecken* im *Zoch,* mit dem Werfen nicht nachzulassen, auch wenn es *Strüssjer* oder Gummibärchen sind, die da geworfen werden. Die *Möhn* war einmal eine »alte Frau«, dann im Karneval eine *Jecke,* die als *Möhn* verkleidet war oder ist. *Pänz* ist eine Bezeichnung für »Kinder«. Um *Stippeföttche* zu verstehen, muss man wissen, dass ein *Föttche* ein »Gesäßchen« ist. Der *Stippeföttche*-Tanz Kölner Karnevalisten in Uniform ist kaum zu beschreiben, man muss ihn gesehen haben. *Strüssje* ist die kölsche Entsprechung zu standarddeutsch »Sträußchen«. Als *Veedel* wird in Köln das Stadtviertel bezeichnet; die karnevalistischen Umzüge in den Vierteln, die *Veedelszöch,* finden am Karnevalssonntag statt. Ein *Wiev* ist, wörtlich übersetzt, ein »Weib«, gemeint ist jedoch »Frau« oder »Karnevalistin«. Auf Kölsch nennt man den Donnerstag, an dem die heiße Phase des Karnevals beginnt, *Wieverfastelovend,* ein Wort, das im Rheinland als *Weiberfastnacht* und nicht als *Frauenkarneval* verhochdeutscht wurde. Bleibt noch der *Zoch,* der »Karnevalsumzug«. Er wird angekündigt mit den Worten *»D'r Zoch kütt«* »Der Zug kommt«. Die sehr bunten Wortgeschichten von *alaaf* und *Fastelovend* werden unten nachgereicht.

Irgendwie haben sich Karneval und Kölsch sehr früh aufeinander eingelassen und einander durchdrungen. Wer heute vom Karneval kölnischer Prägung spricht, denkt deshalb Kölsch (die Sprache) immer mit. Und das »Image« des Kölschen ist stark karnevalistisch eingefärbt, wozu aus bundesdeutscher Sicht die vielen Fernsehübertragungen Kölner Sitzungen ihren Beitrag geleistet haben.

Kölsch aus den Anfangsjahren des organisierten Karnevals findet sich beispielsweise auf einem Leporello aus der Zeit um 1835; ein Exemplar hat sich in der Grafischen Sammlung des Kölner Stadtmuseums erhalten. Zu sehen sind auf den Einzelbildern Personen, deren Kleidung als potenzielle Karnevalskostüme empfohlen wird. Da gibt es den *»Altrüscher«*, eine *»Gecke Cilien«*, eine *»Juffer«* oder auch ein tanzendes Paar. Die Bildunterschriften lauten:

> *Altrüscher: Alles för'et Geld.*
> *Gecke Cilien: Töre, Löre Pitter, komm mer nit zo noh.*
> *Juffer: Et es beinächs jetzt hundert Johr.*
> Tanzendes Paar: *Fastelovend kütt eran, spillen mer op der Büssen.*

Mit *»Fastelovend kütt eran«* wird hier der Anfang eines der bekanntesten traditionellen Fastnachtslieder im Rheinland zitiert.

Lange Zeit konnte der Karneval als sicherer Heimathafen der kölschen Sprache gelten. Auch dann noch, als in den 1960er und 1970er Jahren die Kenntnis des Kölschen für alle unübersehbar abzunehmen begann. Was felsenfest stand: Wenn Karneval, dann Kölsch! Die Medien, allen voran das Fernsehen, stützten dieses Bild. Im WDR-Fernsehen war und ist der Kölner Karneval Trumpf. Und er gilt auch bundesweit als besonders medientauglich. Ein Beispiel: der Abend des Rosenmontags, nehmen wir das Jahr 2005; damals brachte die ARD im Anschluss an die »Tagesschau« die »Große ARD-Fernsehsitzung des Festkomitees Kölner Karneval von 1823 e. V.«. Das Sessionsmotto lautete seinerzeit *»Kölle un die Pänz us aller Welt«* (und war dem Weltjugendtag in Köln geschuldet). Laut Programmvorschau wirkten an diesem Abend mit: das »Kölner Dreigestirn, Bläck Fööss, Höhner, Paveier, Räuber, de Boore, Kölsche Schutzmann, 'ne Knallkopp, Weltenbummler« und andere mehr. Kein Wunder also, dass Kölsch (oder Rheinisch) den Menschen überall in Deutschland bekannt vorkommt, wenn sie beispielsweise im Rahmen einer repräsentativen Befragung ihre Einstellungen zu verschiedenen Dialekten im Lande kundtun. Die Aufzeichnung aus dem Gürzenich schauten sich am Abend des 7. Februar 2005 auch Menschen außerhalb Deutschlands an, so in den Niederlanden. Besonders beliebt ist der Kölner Karneval etwa in Groesbeek, einem Ort in der Nähe Nimwegens in der niederländischen Provinz Gelderland. Die Groesbeeker sind sehr stolz auf ihren Karneval und haben ihrem Heimatort den Ehrentitel *»Het Keulen van Gelderland«* verliehen, also »das Köln des Gelderlands«. Alles wegen des Karnevals.

Im Karneval gedeiht auch das geschriebene Kölsch, ja, man könnte manchmal sogar von »Schriftkölsch« sprechen. Es zeigt sich etwa in den Liederbüchern der Roten Funken. So ist im Liederbuch von 2007 (*»Leederheff«* genannt) über eine Ballveranstaltung, den *»Ülepooz-Ball«* von 2006, zu lesen:

> *Et Parkett woodt freijejovve un e Profidanzpäärche trot an, öm em Saal met ener Showenlach jet Danzjeföhl enzostreue. Wä jitz jedaach hät, de Lück hätte sich tirektemangs an de Thek verdröck, soch sich ävver fies jedäusch. De Funke – ov jung ov alt – han*

Der *Altrüscher* sammelt und verkauft altes Zeug, Kram, Trödel.

eimol mih jezeich, dat se vill mih künne, als et bekannte Hacke-Spitze-Eins-Zwei-Drei un sin met ehre Hätzensdam schwungvoll em Dreiveedelstakt övver de Danzfläch jeschwoof.

Übersetzt:

Das Parkett wurde freigegeben und ein Profitanzpärchen trat an, um im Saal mit einer Showeinlage etwas Tanzgefühl einzustreuen. Wer jetzt gedacht hat, die Leute hätten sich direkt an die Theke verdrückt, sah sich aber fies getäuscht. Die Funken – ob jung, ob alt – haben einmal mehr gezeigt, dass sie viel mehr können als das bekannte Hacke-Spitze-Eins-Zwei-Drei, und sind mit ihren Herzensdamen schwungvoll im Dreivierteltakt über die Tanzfläche geschwoft.

Satzbau und Wortstellung dieses Ballberichts entsprechen voll und ganz der Schriftsprache, während Wortwahl, Grammatik und Lautung echt kölsch sind – mit Anlehnungen an den hochdeutschen Wortschatz, wo es nötig war. Baden-Württemberg warb einst mit dem Slogan »Wir können alles. Außer Hochdeutsch.« Der Funken-Text hat eine ganz andere Botschaft: »Wir können alles, auch Schriftsprache. Sogar auf Kölsch!«

Als »'ne kölsche Schutzmann« war Jupp Menth jahrzehntelang auf den Bühnen unterwegs, auch bei der Fernsehsitzung 2005 hatte er im Gürzenich mitgemacht. Als der Karnevalist im Sommer 2015 dann verkündete, er werde in der *Bütt* zukünftig kein Kölsch mehr sprechen, ging ein Rauschen durch den Blätterwald. So war zu lesen: »Es ist wohl der Abgesang der kölschen Sproch in der Karnevals-Bütt, denn: Der letzte große Verfechter für den Erhalt des kölschen Dialekts hisst die weiße Fahne!« Er werde sich sprachlich umstellen, weil Kölsch nicht mehr verstanden werde: »Ab sofort will der ehemalige Polizist in seinen Reden entweder Rheinisch oder sogar Hochdeutsch reden.« Menth wurde mit den Worten zitiert: »›Die Akzeptanz in den Sälen ist einfach nicht mehr da. Sobald ich Kölsch rede, wird es immer lauter. Das tue ich mir nicht mehr an‹.«

Im ausgehenden 20. und im 21. Jahrhundert hat die aktive wie passive Kenntnis des Kölschen weiter abgenommen – gemeint ist Kölsch als Alltags- und Normalsprache, wie sie als Voraussetzung unabdingbar ist, wenn in der *Bütt* echt kölsch vorgetragen wird. Für *Büttenredner* kölscher Zunge galten bei Fernsehübertragungen allerdings immer schon ganz andere Regeln – sie sollten ja auch in Münster oder Memmingen verstanden werden. Nicht wenige kölsche Musikgruppen laufen gerade im Karneval zur Höchstform auf – dass die Akzeptanz kölscher Lieder aber anderen Gesetzen folgt, wird noch zu thematisieren sein.

Texte und Lieder

Kölsch ist eine Sprechsprache. Das heutige Kölsch hat sich aus dem gesprochenen Kölsch des 20. Jahrhunderts entwickelt, das wiederum aus dem 19. Jahrhundert stammt und so weiter: Kölsch wurde auf natürliche Weise erlernt und von den Eltern an die Kinder weitergegeben oder von den Nachbarn an die Zuziehenden. Die Schule spielte dabei keine Rolle, kölsche Schulbücher gab es nicht. Kölsch wurde *jeschwat, jekallt, jebubbelt* oder *jesproche* – und natürlich auch *jesunge!*

Im Mittelalter hatte sich dazu eine Kölner Schreibsprache entwickelt, die viele Sprachmerkmale mit dem damals gesprochenen Kölsch teilte. Diese regionale Schreibsprache verschwand, als im 16. Jahrhundert Hochdeutsch als Schriftsprache in Köln und im übrigen Rheinland übernommen wurde (siehe Seite 30).

Als sich die Kölner dann im 19. Jahrhundert anschickten, ihren Dialekt zu schreiben, fanden sie sich mit einem Problem konfrontiert, das auch zu Beginn des 21. Jahrhunderts nicht aus der Welt ist: Wie schreibt man eine Sprechsprache? Nachzutragen wäre noch, dass Heinrich Lindenborn (siehe Seite 40) als Vorläufer bereits im 18. Jahrhundert die Mundart schriftlich festgehalten hatte. – Matthias Joseph DeNoël reimte 1802:

Beim Leges emm Makay-Culeeg
Watt geit et doh pläsant.

Jacob Leges war zu Lebzeiten ein Kölner Stadtsoldat, der ein Gartenlokal betrieb. Dort trafen sich regelmäßig Herren zu einer Art Kolleg *(Culeeg),* bei dem *Makay* gespeist wurde. Wie man sieht, schrieb DeNoël das kölsche *j* als *g* (*geit* »geht«), und er verdoppelte in *watt* das *t,* um zu zeigen, dass der vorangehende Vokal kurz gesprochen wurde; diese Verschriftungsidee hatte DeNoël der deutschen Orthografie entlehnt (man vergleiche deutsch *Statt* oder *satt*). Bei *emm* wandte er die Verdopplung ebenfalls an, obwohl die Schriftsprache *(im)* hier ein anderes Schreibmodell angeboten hätte. Im Gartenlokal von Herrn Leges ging es also lustig *(pläsant)* zu; die dort bevorzugte Speise, der *Makay,* war ein bestimmter Weichkäse.

Johanna Schopenhauer schrieb 1828 über die Einwohner Kölns: »Uebrigens halten die Kölner ihre eigentliche Volkssprache sehr in Ehren; sie im Theater zu hören, macht ihnen immer viel Freude, und manches Lied wird in ihr gedichtet«. Texte, Lieder, Theaterstücke: Kölsch als Sprache literarischer Werke und Medium kultureller Betätigung. Das Aufblühen und die Pflege der »Kulturmundart« Kölsch sollte im 19. Jahrhundert zu einem Markenzeichen der Stadt werden, das bis heute die Sicht auf das Kölsche mitbestimmt.

Kölsch – mem Hätz gesproche

Zweierlei eß Kölsch un Kölsch!
Äch nor, wann et unverfälsch,
Breit un rääch gemötlich – seht! –
Un mem Hätz gesproche weed!

9. Juli 1913
Christian Thill
im „Goldenen Buch"
des Vereins „Alt-Köln".

Mundartwettbewerb des Heimatvereins Alt-Köln e. V. und der Kölnischen Rundschau aus Anlaß des 70jährigen Bestehens des Heimatvereins.

Seit seiner Gründung vor 70 Jahren pflegt der Heimatverein Alt-Köln Geschichte, Sprache und Eigenart unserer Vaterstadt. Im Jubiläumsjahr veran staltet er gemeinsam mit der Kölnischen Rundschau einen Mundartwettbewerb für gesprochenes und geschriebenes Kölsch, für Amateure und Profis. Der Wettbewerb, bei dem Berlin-Flüge, Geld- und Buchpreise zu gewinnen sind, ist in drei Gruppen gegliedert:

1. Wettbewerb für Mundartsprecher

Hier können sich alle Kölnerinnen und Kölner beteiligen, die von Hause aus ein gutes Kölsch sprechen und einen vorgegebenen Mundarttext vortragen können. Der Vortrag erfolgt auf einer öffentlichen Veranstaltung des Heimatvereins Alt-Köln am 18. August 1972 im „Belgischen Haus", Köln, Cäcilienstraße. Jeder Bewerber kann sich aus einigen vorgelegten Texten einen auswählen und diesen entweder frei vortragen oder ablesen. Die im Saal anwesenden Zuhörer entscheiden über die Placierung der Sieger, die Preise werden bei der Veranstaltung überreicht. Professionelle Sprecher können bei diesem Wettbewerb nicht berücksichtigt werden.

Es sind zu gewinnen:

1. Preis: Eine Flugreise nach Berlin für 2 Pers.
2. Preis: 50 DM in bar
3. Preis: 25 DM in bar
4.–13. Preis: Je ein Buch.

Anmeldungen von Bewerbern bis spätestens 5. August 1972 an den Schriftführer des Heimatvereins Alt-Köln, Hubert Philippsen, 5 Köln 21, Deutzer Freiheit 64. Bitte bedienen Sie sich des untenstehenden Anmeldescheins.

2. Wettbewerb für Amateur-Mundartdichter

Wer kann in kölscher Mundart dichten oder schreiben? Diese „Veilchen im verborgenen" sind aufgerufen, ihre Werke – in Versform oder Prosa – an den Heimatverein einzuschikken. Die Texte dürfen höchstens drei Schreibmaschinenseiten umfassen und nicht bereits publiziert, das heißt gedruckt oder im Funk gesprochen einer breiten Öffentlichkeit bekanntgemacht sein. Alle eingehenden Texte werden von einer sachverständigen Jury geprüft. Ihr gehören an:

Dr. Peter Joseph Hasenberg, Vorsitzender des Heimatvereins und Redakteur der Kölnischen Rundschau;
Margarete Hoevel-Broicher, Mundartschriftstellerin;
Berni Klinkenberg, Leiter der „Kumede", Theatergruppe des Heimatvereins;
Hein Paffrath, Ehrenmitglied des Heimatvereins;
Willi Reisdorf, Mitglied des Beirats des Heimatvereins;
Professor Albert Schneider, Ehrenmitglied des Heimatvereins Alt-Köln.

Einsendeschluß für Texte ist der 15. September 1972. Anschrift wie nebenstehend. Preisverkündung am 3. November 1972 im Haus Wolkenburg.

3. Wettbewerb für Profi-Mundartdichter

Auch die bekannten Mundartdichter werden gebeten, sich mit einem neuen Textbeitrag an dem Wettbewerb zu beteiligen. Jury, Einsendetermin und Preise sind die gleichen wie für die Amateurdichter, die Preisverkündung erfolgt ebenfalls am 3. November 1972 im Haus Wolkenburg.

In den Wettbewerben 2 und 3 sind jeweils zu gewinnen:

1. Preis: Eine Flugreise nach Berlin für 2 Personen; 2. Preis: 100 DM in bar; 3. Preis: 50 DM in bar; 4.–13. Preis: Je ein Buch.

Anmeldeschein für Mundartsprecher

Ich möchte mich an dem Wettbewerb für den Vortrag kölscher Mundart am 18. August 1972 beteiligen.

Name, Vorname

Der Mundartwettbewerb des Heimatvereins Alt-Köln im Jahr 1972, ausgeschrieben in drei Kategorien: auch für »Profi-Mundartdichter«

Das »Lexikon deutschsprachiger Mundartautoren« erschien 1997. In diesem dickleibigen Werk findet man für keine Stadt im deutschen Sprachraum mehr Autorinnen und Autoren verzeichnet als für Köln! Die Liste reicht von Will Albers bis Constanze Zapater. Aufgeführt ist auch Dieter Kühn, der für seine Texte in deutscher Sprache (»Ich Wolkenstein«) vielfach ausgezeichnet wurde, aber auch einige Hörspiele auf Kölsch geschrieben hat. In Buchform publiziert wurden sie 1976, eins der Hörspiele trägt den Titel »Op der Parkbank«. Darin ist eine alte Frau zu hören, deren Monolog so beginnt:

> *Leeve Jung, jitz han ich mich ävver verschrocke. Knack dat do im Jebösch! Jitz han ich doch wahrhaftijenjotts jedaach, do köm als widder su ne Filu, eine vun denne Spitzbove, de sich he immer erömdrieve. Na do ben ich jo beruhicht, dat Sie dat sin. Sie han ich ja schon des öfteren he im Park jesehn. Wellt Ehr Üch nit setze?*

Übersetzt:

> Junge, Junge, jetzt habe ich mich aber erschrocken. Knackt das da im Gebüsch! Jetzt habe ich doch wahrhaftig gedacht, da komme schon wieder so ein Filou, einer von den Spitzbuben, die sich hier immer herumtreiben. Na, da bin ich ja beruhigt, dass Sie das sind. Sie habe ich ja schon des Öfteren hier im Park gesehen. Wollen Sie sich nicht setzen?

Kölsch ist eigentlich eine Sprechsprache – wird jedoch für die verschiedensten Zwecke auch schriftlich verwendet. So ist in Köln niemand verwundert, wenn er einen Flyer erhält, auf dem in kölscher Sprache für eine Veranstaltung (auch außerhalb des Karnevals) geworben wird. Mit einem solchen Flyer kann beispielsweise zu einer Weihnachtsveranstaltung in der Kölner Philharmonie eingeladen werden:

Friedagovend – noch zwei Däg, dann es Helligovend. En der letzte Zigg kunnt mer vör luuter Brassel kaum Odem scheppe.
Jetz sin de Geschenke gekauf, der Chressstolle un de Plätzcher gebacke un der Huusputz gedon. Ne staatse Chressbaum wadt em Wonnzemmer drop, dat mer in met Kugele un Käázjer schmücke. Endlich künne mer uns jet reste. Ävver wie kumme mer zor Rauh? Ganz einfach – mer gon en de Philharmonie!
Denn de KölnMusik un de Akademie för uns kölsche Sproch/SK Stiftung Kultur han för all die gestresste Kölsche un Imis ene adventliche Ovend zesammegeknuv.
Mer höre traditionelle un klassische Chressdagsmusik un mittelalterliche, lateinische un ripuarisch-kölsche Leeder us dem Leederboch vun der Anna vun Kölle.

Übersetzt:

Freitagabend – noch zwei Tage, dann ist Heiligabend. In der letzten Zeit konnte man vor lauter Arbeit kaum Atem schöpfen. Jetzt sind die Geschenke gekauft, der Christstollen und die Plätzchen gebacken und der Hausputz erledigt. Ein stattlicher Weihnachtsbaum wartet im Wohnzimmer darauf, dass wir ihn mit Kugeln und Kerzchen schmücken. Endlich können wir uns etwas ausruhen. Aber wie kommen wir zur Ruhe? Ganz einfach – wir gehen in die Philharmonie!
Denn die KölnMusik und die Akademie för uns kölsche Sproch/SK Stiftung Kultur haben für all die gestressten Kölschen und Imis [= Zugezogene] einen adventlichen Abend komponiert. Wir hören traditionelle und klassische Weihnachtsmusik und mittelalterliche, lateinische und

ripuarisch-kölsche Lieder aus dem Liederbuch der Anna von Köln.

Kölsche Tön: Lässt Kölsch sich besonders gut singen? Besser als andere Dialekte? Oder woran liegt es, dass es so viele kölsche Lieder gibt und dass sich in der zweiten Hälfte des 20. Jahrhunderts eine unglaublich produktive Szene kölscher Musikgruppen (siehe Seite 106) etablierte? Bis heute bekannt ist Willi Ostermann (1876–1936). »Sang und Klang mit Willi Ostermann« lautete 1976 das Kölner Karnevalsmotto, das an diesen hundert Jahre zuvor geborenen Autor, Komponisten und Sänger kölscher Lieder erinnern sollte.

Auf der Bühne und vor der Kamera

Die »Mitsing«-Konzerte, die derzeit auf große Resonanz stoßen, passen aufs Schönste zur Geschichte des Kölschen als Bühnensprache. Wie schrieb Johanna Schopenhauer schon vor 190 Jahren über die »Volkssprache« Kölns: »sie im Theater zu hören, macht ihnen [den Kölnern und Kölnerinnen] immer viel Freude, und manches Lied wird in ihr gedichtet« (siehe Seite 100). Kölsch drängt auf die Bühne. Es will in Vorträgen, Aufführungen und Gesangsdarbietungen zu Gehör gebracht werden, Mitsingen erwünscht.

Das Hänneschen-Theater, das Millowitsch-Theater, die Kumede (des Heimatvereins Alt-Köln), die Bühnenspielgemeinschaft Cäcilia Wolkenburg (des Kölner Männer-Gesang-Vereins), der Altermarktspielkreis: Das sind einige der Bühnen, bei denen Kölsch-Liebhaber auf ihre Kosten kommen – oder, im Falle des Millowitsch-Theaters, kamen. Denn schon 2011 verkündete Peter Millowitsch, seine Bühne werde in Zukunft auf Kölsch (die Sprache) verzichten: Das Publikum verfüge nicht mehr über die nötige Sprachkompetenz. Und 2018 ist dann ja das vollständige Aus für dieses Kölner Traditionstheater gekommen!

Die Bühnen haben auch für die Bekanntheit des Kölschen außerhalb Kölns und auch außerhalb des Rheinlands gesorgt, etwa das Millowitsch-Theater, wenn es auf Tournee ging. Im Jahr 1906 gastierte es in Lübeck; eine Anzeige im »Lübecker Volksboten« warb am 27. Mai mit folgenden Worten für einen Besuch:

> Einem hochgeehrten Publikum von Lübeck beehren wir uns die höfliche Mitteilung zu machen, daß wir mit unserm gesamten ca. 60 Personen zählenden Ensemble ab 1. Juni im Hansa-Theater ein vierwöchentl. Gastspiel beginnen. Als größtes, ältestes und rennommiertestes Institut im Genre der Kölner Possen- u. Burlesken-Bühne werden wir bemüht sein wie in allen anderen Großstädten so auch hier dem p. t. Publikum Gelegenheit zu geben, den weltberühmten unverwüstlichen echten rheinländischen Humor kennen zu lernen. Wir bringen unser umfangreiches Repertoir ausschließlich in allgemein verständl. Sprache (nicht plattkölnisch) zur Aufführung und hoffen in unserm Bestreben den Interessenten recht vergnügte Stunden zu bereiten, durch zahlreichen Besuch unterstützt zu werden.

Die Lübecker hätten kein Kölsch verstanden, sie wären deshalb wohl auch nicht in Scharen zu den Aufführungen gekommen. So erklärt sich der ausdrückliche Hinweis darauf, dass die Bühne »ausschließlich in allgemein verständl. Sprache (nicht plattkölnisch)« agieren werde! – Auch das Hänneschen-Theater war unterwegs, beispielsweise im benachbarten Düsseldorf. Als sich ein Düsseldorfer einmal an die dortige Karnevalskirmes vor dem Zweiten Weltkrieg erinnerte, fiel ihm auch das Kölner Hänneschen-Theater wieder ein:

Die Stroß, wo isch domols jewont han, is tireck am Carlsplatz. Do wo[r] vör-em letzte Kreesch alle vier dolle Däsch Kirmes statt Maat, prima met Schiffschaukel, Kölsch Hänneske, Rieseratt, elektrije Äutekes, Karresselle on Düvelsratt.

Übersetzt:

Die Straße, wo ich damals gewohnt habe, ist direkt am Carlsplatz. Da war vor dem letzten Krieg alle vier tollen Tage Kirmes statt Markt, prima mit Schiffschaukel, Kölsch Hänneschen, Riesenrad, elektrischen Autos, Karussellen und Teufelsrad.

Das Hänneschen, auf Kölsch *Hännesje,* ist im Düsseldorfer Dialekt also ein *Hänneske*. Der Name erhält das niederrheinische Verkleinerungselement, das der Düsseldorfer Plattsprecher auch in *Äutekes* »kleine Autos« verwendet.

Die modernen Medien sorgten dafür, dass Kölsch einem noch viel größeren Publikum bekannt wurde. Im Radio, in Kinofilmen und im Fernsehen war (und ist) Kölsch zu hören. Lange Zeit brachte der Rundfunk Hörspiele, das Fernsehen übertrug aus dem Millowitsch-Theater und aus dem Hänneschen. Seit den 1970er Jahren traten moderne, Kölsch singende Musikgruppen in Erscheinung, die sich ihr Publikum in Köln und im Rheinland, dann aber auch in Deutschland und weit darüber hinaus eroberten. Am Anfang standen die Bläck Fööss. Über sie ist im »Großen Köln-Lexikon« zu lesen:

Musikgruppe mit überregionaler Ausstrahlung, die seit 1970 eine neue Dimension von Liedkultur erschloss (oft unter Mitarbeit von Komponist u. Texter H. Knipp). Ihre Integration von Weltmusik u. Heimatklängen, Rock-Pop-

> Elementen u. Volksmusik, sozialpolitischer Ambition u. regionaler Brauchtumspflege wurde beispielgebend für zahlreiche Nachfolgegruppen u. verschaffte dem Mundartlied auch außerhalb des Karnevals an Spielorten wie Philharmonie u. Köln-Arena Akzeptanz.

Wolfgang Oelsner, der diesen Lexikonbeitrag verfasst hat, war als Augen- und Ohrenzeuge dabei, als die Bläck Fööss mit ihrem Sänger Tommy Engel ihre ersten Schritte in den Karneval machten; man stelle sich einmal eine sehr traditionelle Sitzung in Köln vor:

> Es konnte nicht gut gehen, wenn nun eine Musikgruppe die Sitzungsbühne betreten sollte, deren ganze Erscheinung sich der karnevalistischen Tradition verweigerte. Weder ihre Bühnengarderobe, ihre Instrumente noch ihre Gruppenpräsentation passten zu den Gepflogenheiten einer Sitzung. Es konnte einfach nicht gut gehen, wenn langhaarige, barfüßige Vertreter der Jugendrevolte in die Abendgarderoben-Gesellschaft hinein brechen würden.

Aber es ging gut, sogar sensationell gut. Warum?

> Nun, die Band hatte die entscheidenden Codes des Karnevals getroffen: die Lust an der Veränderung und das Bekenntnis zum Bewahren. Gleichzeitig! In einem Lied! […] Und das in heimatlicher Mundart, also jenen zwei Begriffen, die der 1968er Sturm gerade als Zeitgeist-Unwörter aus den Köpfen fegte, ohne Rücksicht darauf, dass das Herz sie brauchte. Das Publikum spürte, was es später erst verstand: Hier kommen welche, die entstauben und erneuern.

Wolfgang Niedeckens BAP trat in China auf (und das WDR-Fernsehen berichtete). In einem Zeitungsinterview wurde Niedecken 2014 einmal gefragt, ob es von ihm auch mal hochdeutsche Liedtexte geben werde. Seine Antwort: »Niemols. Uns haben die Fans selbst in China zugejubelt, obwohl ich mir sicher bin, die haben kein einziges Wort verstanden.« Welche Rolle die Sprache Kölsch spielte und spielt, wenn sich Musikgruppen ihrer bedienen und dabei Erfolg haben, ist schwer zu ermessen. Die meisten Menschen außerhalb Kölns verstehen die Texte beim ersten Hören nicht, beim zweiten Mal ebenfalls noch nicht. Viele, nicht nur die chinesischen Besucher der BAP-Konzerte, müssen bei den kölschen Texten passen.

Und doch: Wie kein zweiter Stadtdialekt Deutschlands ist Kölsch überregional und sogar über die Grenzen des deutschen Sprachraums hinaus bekannt geworden (ohne deshalb überall verstehbar zu sein). Kölsche Musiktitel werden vielleicht wirklich (fast) überall in der Welt verkauft.

Kölsch hat sich als Kulturdialekt ganz ungewöhnliche Formate erschlossen. Man denke etwa an kölsche Gebetbücher wie »Dem Här zo Ihre« und »Us Leev zom Herrjott« und an das »Messboch op Kölsch«. Oder an das legendäre Konzert »Arsch huh, Zäng ussenander!«, das am 9. November 1992 auf dem Chlodwigplatz stattfand. Es wurde als Signal gegen Rassismus, Ausländerfeindlichkeit und Gewalt veranstaltet, auf der Bühne wirkten neben anderen BAP, Bläck Fööss, Höhner und Zeltinger mit. Auch Willy Millowitsch trat auf, Jürgen Becker, Samy Orfgen und viele andere mehr. Alles unter dem kölschen Motto »Arsch huh, Zäng ussenander!« Anderswo in Deutschland brauchte man dafür eine Übersetzungshilfe.

In Köln diskutierte man im Anschluss an das Konzert allerdings auch über die sprachliche Form dieses Mottos. So war im Dezember 1992 in einem Leserbrief zu lesen:

Arsch huh – ist nach Prof. Dr. Adam Wrede Neuer Deutscher Sprachschatz [so!] altkölsch aus dem 15. Jahrhundert ›ars‹, wird dann frühneuhochdeutsch Arsch und müßte auf Kölsch Aasch heißen! In der kölschen Volkssprache ist Fott gebräuchlicher. Also: Fott huh – bevor man einen kölschen Slogan prägt (und in den Wrede jeluurt.) Für die zweite Auflage empfehle ich: »Hingersch huh – Zäng usenein …!«

Im September 2011 gab eine junge Musikgruppe, die dann als Kasalla bekannt werden sollte, Konzerte unter dem Titel »Alles kann – Kölsch muss«. Dass Kölsch außerhalb Kölns kein Hindernis für Erfolge darstellt (im Gegenteil?), ist ein bemerkenswertes Phänomen. Als Kehrseite der Medaille zeigt sich, dass im Rheinland die Vorstellungen, was nun Kölsch, was ein davon verschiedener örtlicher Dialekt und was Rheinisch ist, immer mehr verschwimmen. Was angesichts der Tatsache, dass die Mehrzahl des Publikums selbst keine Mundart mehr spricht, auch nicht verwundern kann. Aber so mancher ärgert sich darüber. Etwa jener Mann aus Friesdorf (einem Stadtteil Bonns), der 2017 im Rahmen einer Fragebogenerhebung eine begleitende Mail schrieb, in der es hieß:

Da das Bönnsche/Friesdorfer Platt mir sehr am Herzen liegt, freut es mich sehr, dass Sie sich mit den Regio-Dialekten eingehend beschäftigen. Da insbesondere durch die Flutung mit ›Kölschem Liedgut‹, welches dann noch künstlerisch abgeändert wird, alle Welt denkt, rheinisch ist kölsch, und viele auch hier bei uns verstärkt kölsch reden, bin ich sehr bemüht weiterhin den mir eigenen Dialekt zu wahren.

Von außen betrachtet, etwa aus Bonner oder aus Lübecker Sicht, kann Kölsch wie ein Riese unter den deutschen Dialekten erscheinen. Ganz sicher dann, wenn die kölsche Musikszene und/ oder die Medienpräsenz des Kölschen zum Maßstab genommen werden. Aber diesem Kultur- und Medienkölsch entspricht wohl kein ähnlich starkes Alltagskölsch auf den Straßen und in den Wohnzimmern der Domstadt. Kölsch ist, so gesehen, eine Art Scheinriese, ähnlich wie Herr Tur Tur in Michael Endes Geschichte von Jim Knopf: Herr Tur Tur ist schon aus sehr weiter Entfernung gut zu sehen, seine Größe scheint die eines Riesen zu sein. Nähert man sich ihm jedoch, »schrumpft« er zusehends, und steht man ihm dann gegenüber, besitzt er die Größe eines normalen Menschen. Wer in Köln lebt, weiß genau, wie groß Herr Tur Tur wirklich ist.

Wortgeschichten: *alaaf* und *Fastelovend*

Kölle alaaf: Es kommt nicht oft vor, dass einem einzelnen Wort ein ganzes Buch gewidmet wird; dem kölschen *alaaf* ist diese besondere Ehre zuteilgeworden. Auch wenn das Buch mit 71 Seiten kein ganz dicker »Schinken« ist – es gibt kaum ein anderes Wort im Rheinland, dessen Geschichte so interessant und zugleich so gut dokumentiert ist. Heribert A. Hilgers, zu Lebzeiten »Kölsch-Professor« genannt, ist der Autor des Buches.

Aber wie der Rezensent eines Kriminalromans nicht die Auflösung des Falls preisgeben sollte, so sei an dieser Stelle auch nicht der ganze Clou verraten. Nur so viel: Die Spuren dieses urkölnischen Wortes führen bis ins 16. Jahrhundert zurück. Kölner Töpfer spielen dabei eine zentrale Rolle, allerdings gerieten auch Handwerker aus Frechen ins Visier der linguistischen Fahnder. Heute lautet die bekannteste Variante aller *alaaf*-Rufe *Kölle alaaf,* was sich in einer zeittypisch-englischen Übersetzung mit »Cologne first« wiedergeben ließe.

Immer wenn es Karneval wird, ist Kölsch Trumpf: *alaaf, Bütt, bütze, Jeck, Kamelle, Zoch*. Und *Fastelovend*. Anderswo in Deutschland heißt die Zeit vor dem großen Fasten *Fasnet* oder *Fasching*. Am Rhein aber haben die Jecken, als sie sich organisierten und zusammenschlossen, für das hochdeutsche Wort *Karneval* votiert. Wenn man *Fastelovend* hätte eindeutschen wollen, hätte daraus *Fastelabend* werden können. *Fastelovend* ist entstanden aus *Faste(n) + Ovend:* der »Abend vor dem Fasten«, ähnlich *Fastnacht:* die »Nacht vor dem Fasten«. Im zweiten Eidbuch der Stadt Köln findet sich 1341 der folgende Eintrag: *»Ever sal der rait zo vastavende zo geinre geseltschaf volleyst geven van der steede gude«* (übersetzt: »Weiterhin soll der Rat zu Fastabend keiner Gesellschaft aus städtischem Gut Zuschüsse gewähren«).

Fastnacht, *Fastelovend* und Karneval haben ihren zeitlichen Geltungsbereich, analog zur Dauer des Feierns, immer weiter ausgedehnt. Inzwischen beginnt die Session an Sankt Martin, dem 11.11. also! Ein gewisses Rätsel gibt das *l* in der Wortfuge von *Faste-l-ovend* auf: Es gehört weder zu *Fasten* noch zu *Ovend*. In Köln ist neben *Fastelovend* auch *Fasteleer* zu hören, eine Variante, die durch Kürzung entstanden ist aus *Fastelerum,* einer pseudolateinischen Witzform von *Fastelovend. Fasteleer* wäre damit die jüngste aller einheimischen Bezeichungen, über *Fastelerum* und *Fastelovend* entstanden aus *vastavend (Fastovend).*

Kölsch im 21. Jahrhundert

Im Anfang war das J

Ein Geisterschiff, das seit einiger Zeit durchs Rheinland kreuzt und dabei auch immer wieder in Köln anlegt, ist der »*Fluchzeuschträjer*«. An seinem Beispiel will man demonstrieren, dass der Rheinländer oder der Kölner kein *g* aussprechen könne.

An dieser Jeschichte, pardon: Geschichte, ist so gut wie alles schief und krumm. Denn erstens werden hier Äpfel mit Birnen verglichen, und zweitens wird übersehen, dass der Kölner oder der Rheinländer in seinem dialektalen Lautvorrat durchaus über das *g* verfügt – das er nur an ganz anderen Stellen einfügt als die Moderatorin der »Tagesthemen« oder als eine bayerische Mundartsprecherin.

Aber der Reihe nach: In *Fluchzeuschträjer*, so der Dreh- und Angelpunkt dieser Geschichte, stecke eigentlich dreimal ein *g: Flug, Zeug, Träger*. Davon spreche der Rheinländer aber keins aus, weil er gar kein *g* sprechen könne. Allerdings, so müsste man an dieser Stelle einwerfen, artikuliert niemand, dessen Muttersprache Deutsch ist, hier dreimal den Laut /g/ (in der Sprachwissenschaft werden Lautzeichen durch solche Schrägstriche markiert, um sie von Buchstaben auf dem Papier unterscheiden zu können).

Die »Tagesthemen«-Moderatorin wird vermutlich *Flukzeukträger* sagen, also ein einziges /g/ hören lassen. Ein Niederrheiner aus Kleve könnte vom *Fluchzeuchträger* sprechen (ebenfalls nur ein /g/), eine Frau aus München wiederum vom *Flukzeuk-*

träger. Am Ende einer Silbe ist im Deutschen in der Regel kein /g/ zu hören. Zur Wahl stehen, wenn die Schriftsprache ein *g* im Silbenauslaut hat, entweder ein /k/ oder der *ich*-Laut wie in *Berg* oder *Bücher*, der *ach*-Laut wie in *Tag* oder *Flucht* oder der *sch*-Laut wie in *Wisch* oder *waschen*. Im Rheinland ist in *Fluch* ein *ach*-Laut und in *Zeusch* der Zischlaut wie in *Wisch* zu hören. Das *g* in *Flug* und *Zeug* ist also ein reines Schreib-*g*: ein Buchstabe, kein Laut. Deshalb ist *Flugzeugträger* ein Element der Schriftsprache, während der Kölner *Fluchzeuschträjer* ein Phänomen der gesprochenen Sprache ist. Beides ist nicht miteinander zu vergleichen, anderenfalls werden Äpfel und Birnen in dieselbe Kiste gepackt.

Fluchzeuschträjer enthält Lautungen, wie sie bei einem Kölner zu erwarten sind, der sich der regionalen Umgangssprache bedient oder der Hochdeutsch sprechen will, der aber im Regionalen oder im Kölschen stark verankert ist. Auf Kölsch könnte er dann vielleicht *Fluchzeuschdräjer* sagen. Natürlich ohne /g/.

Ein /g/ lässt er dann aber hören, wenn er über gute oder schlechte *Zigge* spricht oder zum Ausdruck bringt, dass es nun endlich *wigger* gehen soll, oder die Erwartung äußert, dass die Glocken gleich *lügge* müssten. Das /g/ ist in diesen Wörtern aus einem *d* entstanden, das Phänomen ist oben unter der Bezeichnung »Velarisierung« vorgestellt worden. Diese Velarisierung ist eins der typischsten Kennzeichen des Kölschen. Es verhält sich demnach vollkommen anders, als es die *Fluchzeuschträjer*-Geschichte will: An ihrem speziellen /g/ (in Wörtern wie *Zigge, wigger, lügge* …) sind die Kölnerin und der Kölner zu erkennen! Am Silbenende ist in diesen Fällen ein /k/ zu hören: *Zick, wick, Lück* (siehe Seite 75). *Zigge* und *Zick*: Die Verdopplung des *g* und die *ck*-Schreibung dienen hier einzig dem Zweck, die Kürze des vorangehenden Lautes anzuzeigen; gesprochen wird jeweils nur ein einziges /g/ oder /k/!

Neben dieser Variante der Velarisierung kennzeichnen das Kölsche noch zwei weitere Lautphänomene, die ebenfalls unter der Bezeichnung »Velarisierung« in der wissenschaftlichen Literatur auftauchen: In *hinge* »hinten«, *onge* »unten« oder *Zäng* (*Arsch huh, Zäng ussenander!* siehe Seite 108) geht das /ng/ auf ursprüngliches *n+d* zurück. Wir schreiben den Laut mit Hilfe der Buchstabenkombination *n+g,* tatsächlich aber handelt es sich bloß um einen einzelnen Laut, für den es in besonderen Lautschriften ja auch ein spezielles Zeichen gibt. Ein /g/ ist also in *hinge* oder *Zäng* nicht zu hören! Velarisiert sind auch kölsche Lautformen wie *brung* »braun«, *Rhing* »Rhein« oder *Wing* »Wein«. Ausgangspunkt für diese besondere Aussprache ist das *n,* wie es in den standarddeutschen Entsprechungen und in den meisten übrigen Dialekten Deutschlands noch immer artikuliert wird. In der Klever Ecke sagt man *brünn* und *Winn,* in Neuwied *broun* und *Wein.*

Zurück zum *Fluchzeuschträjer:* Das /j/ in *Träjer* oder *Dräjer* ist natürlich ebenfalls ein lautliches Merkmal der Sprache im Rheinland. Im Wortanlaut und im Silbenanlaut taucht es dort auf, wo das Hochdeutsche ein *g* (gesprochen wie geschrieben) hat, man denke an *Geld: Dä es op et Jeld we der Düvel op en ärm Siel* (siehe Seite 70). Das regionale /j/ ist im Rheinland älter als das hochdeutsche /g/: Im Anfang war das *J!* Und wer im Kölschen (oder im Rheinischen) verwurzelt ist, behält sein /j/ auch im Hochdeutschen bei, man denke an Adenauers *Das es ne Jeheimsprache* (siehe Seite 84). Daraus kann sich dann wiederum ein auffälliges (weil »falsches«) /g/ entwickeln: *Mancher Wunsch der Gugend geht nich in Erfüllung,* so ebenfalls der frühere Bundeskanzler aus Köln (siehe Seite 84).

Et Jeld muss mer vun de Lück nemme, säht der Avekat, vun de Bäum schödde kann ich et nit. Am Beispiel dieses Satzes lassen sich zwei weitere lautliche Merkmale des Kölschen erläutern. Die

Mehrzahlform *Bäum* wird hier wie in der deutschen Schriftsprache mit *äu* geschrieben. Tatsächlich klingt der kölsche Zwielaut etwas anders als der standarddeutsche. Mit Ungenauigkeiten dieser Art muss leben, wer ein Buch über das Kölsche schreibt oder liest. Hörproben gibt es auf den Webseiten der Kölsch-Akademie und des LVR-Instituts für Landeskunde und Regionalgeschichte zur Genüge.

Ein anderes Merkmal des Kölschen, in phonetischer Hinsicht wohl das interessanteste, bildet der Gegensatz von »Tonakzent 1« und »Tonakzent 2«. Man vergleiche im Kölschen die Form *Stein* (Einzahl) mit der Form *Stein* (Mehrzahl). Sie klingen deutlich unterschiedlich, aber auch in diesem Fall führt kein Weg an akustischen Belegen vorbei. Die Einzahlform hat den Tonakzent 2, der Plural den Tonakzent 1. Dieses Phänomen ist in zahlreichen Untersuchungen thematisiert worden, wobei bis heute darüber gestritten wird, wann und wie die Akzentunterschiede einst entstanden sind. Gehalten haben sie sich bis ins 21. Jahrhundert.

Mit den Tonakzenten ist die »Intonation« des Kölschen insgesamt berührt, man könnte auch sagen: der kölsche »Akzent«. Umgangssprachlich ist auch gern vom kölschen (oder rheinischen) »Singsang« die Rede. Phonetiker analysieren beispielweise den Tonhöhenverlauf in ganzen Sätzen. *»Da könn se hundert Mal neue Möbel kriejen«:* Diese Äußerung stammt von Annemie Fussbroich. »Die Fussbroichs« lautete der Titel einer in Köln gedrehten Serie, die lange Zeit im WDR-Fernsehen lief. Die phonetische Analyse des zitierten Satzes ergab, dass eine »Tief-Steigend-Fallende Kontur« im Verlauf der Tonhöhe zu konstatieren war. Und Tonhöhenverläufe sind stark regional, wenn nicht sogar lokal geprägt!

Manchmal sind in Zeitungen oder anderswo Sätze zu lesen, in denen die Bezeichnungen »Akzent« und »Dialekt« miteinander verwechselt werden. Sprechen kann man einen Dialekt oder eine Sprache, ein lokaler oder regionaler Akzent »begleitet« diese sprachliche Äußerung. Einem Satz wie *Morgen spielt der FC* kann man oft anhören, ob der Sprechende aus Hamburg, München oder Köln stammt: weil der Akzent ihn »verrät«.

Es ließen sich noch sehr viele Merkmale, ohrenfällige wie leicht zu überhörende, markante wie eher versteckte Merkmale des Kölschen vorstellen. Phänomene der grammatischen Ebene, des Satzbaus und des Wortschatzes. Ein einziges phonetisches Phänomen sei hier noch berührt: die Koronalisierung. Im vorliegenden Buch wird regelmäßig *ich, mich* oder *Famillich* geschrieben – mit *ch*. Dabei lassen die Kölner und Kölnerinnen in diesen Fällen zumeist ein *sch* hören: *isch, misch, Millesch, Famillisch*. Wer also die Texte und Einzelwörter in diesem Buch laut liest, ersetze den *ich*-Laut durch den Zischlaut *sch*. Die Koronalisierung ist übrigens noch gar nicht alt. Erst in der zweiten Hälfte des 19. Jahrhunderts haben die Menschen in Köln diesen Aussprachewandel von ihren Nachbarn im Süden übernommen. Er hat sich im Rheinland dann weiter nach Westen, Norden und Osten ausgebreitet, wobei er in nördlicher Richtung nicht weit über Krefeld hinausgekommen ist.

Auf einem Dialektfragebogen des Jahres 1989 war nach den Bezeichnungen für vergleichsweise moderne Erfindungen gefragt worden: Es ging zum Beispiel um den Kühlschrank, den Staubsauger, das Flugzeug. Insgesamt sechs ausgefüllte Antwortbogen kamen aus Köln zurück. Darauf wurden für »Flugzeug« (in variierender Schreibung) gemeldet: a) *Flochmaschin, Flugmaschin*, b) *Fleejer, Fleger, Fliejer*, c) *Flüchzüch, Flochzoisch, Flochzeug, Flogzüg*. Die Kölsch-Autorin Gaby Amm (1929–2010) war eine der sechs Gewährsleute; auf ihrem Fragebogen waren noch folgende Bezeichnungen zu finden: *»der Düsefleger, der Bomber, der Rusingebomber, der Jumbo, der Schett – der Jet, der Opklörer*

Auch wenn man *Millesch, isch* und *bürgerlisch* hört – schreiben sollen wir *Milch, ich* und *bürgerlich.* Ein Foto aus dem alten Köln zeigt etwas anderes.

(Aufklärer), *der Naaksjäger, et Üvverschallflogzüg, der Luffomelebus, der Nutbomber* (Kriegszeit)« – ein /g/ war, rein phonetisch, wieder nicht dabei.

Das klingt kölsch – aber wie schreibt man das?

Das wohl heikelste Thema, das innerhalb eines Buches über Kölsch aufgegriffen werden kann, ist die »Schreibung«.

Wer sich fragt, wie *Schulldach* »Schultag« zu schreiben sei, hat zwei Möglichkeiten. Erstens: Er schlägt nach, zum Beispiel in einem der maßgeblichen Wörterbücher. Zweitens: Er hört hin – dann stellt er vielleicht fest, dass der Vokal in der zweiten Silbe manchmal lang ist, manchmal kurz. Will er das in seiner Schreibung zum Ausdruck bringen? Am Ende des Wortes ist im gesprochenen Kölsch ein *ach*-Laut zu hören wie in *Baach* »Bach«. Wie schreibt man also: *Schulldaach* oder *Schulldach*? Oder *Schulldag* oder vielleicht doch *Schulldaag?*

Oft wird gefragt: Wie wird dieses oder jenes kölsche Wort denn »richtig« geschrieben? »Richtig« hängt eng mit dem »recht« in »Rechtschreibung« zusammen. Das Hochdeutsche (die Standardsprache) verfügt über eine Rechtschreibung: Sie wird in der Schule eingeübt, man benötigt sie im Leben. Die standarddeutsche Rechtschreibung richtet sich aber nicht unbedingt nach unserer Aussprache: Ob wir nun in *König* am Ende ein *k* oder ein *ch* hören lassen: Wir schreiben *König*. Ob wir in *Obst* ein langes *o* oder ein kurzes *o* artikulieren: Wir schreiben *Obst*. Ob wir in *Bad* einem kurzen oder einem langen *a* den Vorzug geben: Wir schreiben *Bad*. Die Wörter *Bad, Obst* und *König* sind keine auf höchste Genauigkeit angelegten »Verschriftungen« unserer gesprochenen Sprache, sondern Elemente der deutschen Schriftsprache, in ihrer Buchstabenfolge alternativlos. Der Rechtschreibung im

Standarddeutschen entspricht im Kölschen die »normalisierte« Schreibung, sie findet sich etwa in den bekannten Wörterbüchern. Die normalisierte Schreibung bietet sich an, wenn kölsche Texte zu Papier gebracht werden, die gelesen oder vorgetragen werden sollen.

Ganz anders stellt sich die Schreibfrage, wenn gesprochenes Kölsch schriftlich dargestellt werden soll: Wie lässt sich etwa Realkölsch mit Hilfe der Buchstaben »einfangen«? Welche der im Alltag zu hörenden Varianten lassen sich darstellen, welche sollen dargestellt werden? Die folgende Kölsch-Probe wurde 1983 mit dem Tonbandgerät aufgenommen. Ein Kölner erinnert sich an seine ersten Schultage; das war 1913. Aber Achtung! Die Schreibung folgt jetzt weder Wrede noch den Regeln der Kölsch-Akademie. Sie ist nicht »normalisiert«, sondern hinsichtlich der Phonetik etwas genauer.

> *Ja, de eetste Schulldaach, de ka-man schläääsch verjesse, de jink de Mutter da met. [...] On unser Lehrer, dat wor der Lehrer Schwellenbach. Woot mer fürjestellt, on dann dät-er Lehrer en Rede halten. Mer kräte schunn de Platz aanjewesse, wo mer der ander Daach uns hinsetze moote, denn da fung dat Spiel richtich aan. En wie dat eröm wor, die Rede, da kunnte mer da widder mit-e Elderen heemjon. Da wor da quasi der eetse Schulldach jewääse. On der zweite, do funke mer der Wääj-allein. Mer hatte nit wick von-er, der Schull, dat woren hööksdens fünnef Minute von der Fringsstroß bis no der Müllejass.*

Übersetzt:

> Ja, der erste Schultag, den kann man schlecht vergessen, da ging die Mutter da mit. [...] Und unser Lehrer, das war der Lehrer Schwellenbach. Wurde man vorgestellt, und

> dann tat der Lehrer eine Rede halten. Wir bekamen schon den Platz angewiesen, wo wir am anderen Tag uns hinsetzen mussten, denn da fing das Spiel richtig an. Und wie das herum war, die Rede, da konnten wir da wieder mit den Eltern heimgehen. Da war da quasi der erste Schultag gewesen. Und der zweite, da fanden wir den Weg allein. Wir hatten nicht weit von der Schule, das waren höchstens fünf Minuten von der Fringsstraße bis nach der Mühlengasse.

Hier wurden bestimmte Lautvarianten, die der Kölsch-Sprecher während der Aufnahme hören ließ, nicht vereinheitlicht, also nicht »normalisiert«. Einmal spricht der Kölner vom *Schulldaach,* dann vom *Schulldach:* lang – kurz. In der Verschriftung ist zu Anfang *eetste (Schulldaach)* zu lesen, dann *eetse (Schulldach):* Beim zweiten Mal »verschluckt« er ein *t*. Mehrmals werden Wörter zusammengezogen, so bei *Wääj-allein* »da fanden wir den Weg allein«. »Weg« ließe sich im Kölschen *Wäch, Wäg, Wääch* oder *Wääg* schreiben, gesprochen wird in dieser Aufnahme, wegen des folgenden *allein*, am Wortende ein *j: Wääj-allein*. Auffällig sind in dieser Verschriftung auch lautliche Reduktionen: Der Kölner sagt hier nicht: *do jink de Mutter da met* oder *da jink de Mutter da met*. Der volle Vokal im ersten Wort, *o* oder *a*, wird also reduziert.

Normalerweise wird Kölsch »normalisiert« geschrieben. So, wie es in maßgeblichen Werken nachzulesen ist. Dass solche Normalisierungen wieder voneinander abweichen können, dass die einen so und die anderen so schreiben, liegt in der Natur der Sache. Wichtig wäre nur, dass Fragen der Lautung und Fragen der Schreibung nicht miteinander verquirlt werden. Man könnte auch sagen: dass zwischen Artikulation einerseits und Lesen und Schreiben andererseits differenziert wird.

Ja, de eetste Schulldaach, de ka-man schlääsch verjesse. Der Kölner, 1907 geboren, sprach den »Schultag« hier mit einem langen *a* aus. Haargenau dieselbe Aussprache wäre auch für »Schuldach« zu erwarten: *Schulldaach.* Wer im Kölschen bei *Daach* »Tag« das lange *a* wählt, entscheidet sich für dieselbe Aussprache wie bei *Daach* »Dach«. Rein phonetisch handelt es sich um identisch klingende Wörter, rein phonetisch!

Linksrheinisch und *op der schäl Sick*

Schäl Sick gehört zu den Lieblingswörtern der Kölnerinnen und Kölner. Eigentlich sind es ja zwei Wörter, man spricht dann gern auch von »Lieblingsausdrücken«. Dem Adjektiv *schäl* entspricht im Hochdeutschen *scheel (jemanden scheel ansehen).* In Köln ist *schäl* durch die Witze von *Schäl* und *Tünnes* allgegenwärtig. Warum nun die rechte Rheinseite die *schäl Sick* ist, darüber zirkulieren in Köln verschiedene Geschichten.

Dünnwald liegt auf der *schäl Sick* und gehört seit 1914 zur Stadt Köln. Im Rahmen des »Dünnwalder Frühlings«, eines Straßenfestes, wurden hier im Jahr 2014 Menschen mit Dialektkompetenz gebeten, einen Fragebogen zur Sprache zu bearbeiten. Insgesamt 52 Personen aus Dünnwald beteiligten sich, daneben auch 10 Menschen aus Höhenhaus sowie weitere dialektkompetente Kölner aus anderen Stadtteilen (Kalk, Mülheim, Nippes ...). Eine der Fragen zielte darauf, wie denn der eigene Dialekt bezeichnet werde; die Antwortvorgaben lauteten: »Dünnwalder Platt« – »Kölsch« – »Bergisches Platt«. »Dünnwalder Platt« und »Kölsch« wurden von den 52 Personen aus Dünnwald mit beinahe gleicher Häufigkeit angekreuzt (27 zu 23), wobei auffällt, dass die Älteren (geboren zwischen 1922 und 1942) zu »Dünnwalder Platt« tendieren und die Jüngeren (die Jahrgänge 1943–1978) zu

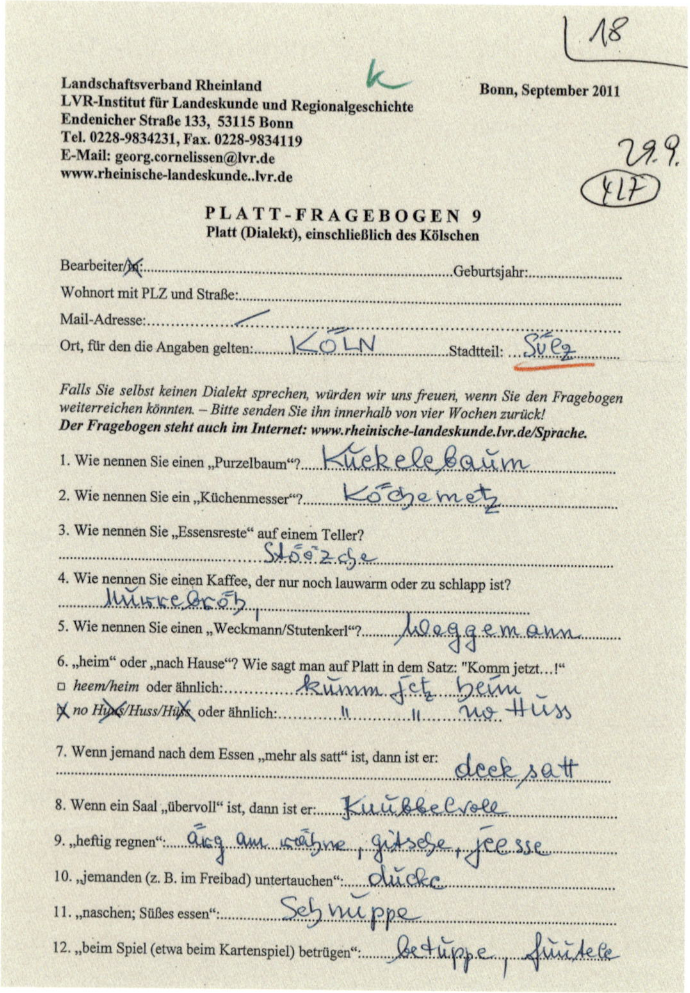

18

k

Landschaftsverband Rheinland
LVR-Institut für Landeskunde und Regionalgeschichte
Endenicher Straße 133, 53115 Bonn
Tel. 0228-9834231, Fax. 0228-9834119
E-Mail: georg.cornelissen@lvr.de
www.rheinische-landeskunde..lvr.de

Bonn, September 2011

29.9.

417

PLATT-FRAGEBOGEN 9
Platt (Dialekt), einschließlich des Kölschen

Bearbeiter/~~in~~: .... Geburtsjahr: ....
Wohnort mit PLZ und Straße: ....
Mail-Adresse: ....
Ort, für den die Angaben gelten: KÖLN Stadtteil: Sülz

Falls Sie selbst keinen Dialekt sprechen, würden wir uns freuen, wenn Sie den Fragebogen weiterreichen könnten. – Bitte senden Sie ihn innerhalb von vier Wochen zurück!
Der Fragebogen steht auch im Internet: www.rheinische-landeskunde.lvr.de/Sprache.

1. Wie nennen Sie einen „Purzelbaum"? Kuckelebaum
2. Wie nennen Sie ein „Küchenmesser"? Köchemetz
3. Wie nennen Sie „Essensreste" auf einem Teller? Stöözche
4. Wie nennen Sie einen Kaffee, der nur noch lauwarm oder zu schlapp ist? Muckefuck
5. Wie nennen Sie einen „Weckmann/Stutenkerl"? Weggemann
6. „heim" oder „nach Hause"? Wie sagt man auf Platt in dem Satz: "Komm jetzt...!"
☐ *heem/heim* oder ähnlich: kumm jetz heim
☒ *no ~~Huus~~/Huss/~~Hüs~~* oder ähnlich: " " no Huss
7. Wenn jemand nach dem Essen „mehr als satt" ist, dann ist er: deck satt
8. Wenn ein Saal „übervoll" ist, dann ist er: knubbelvoll
9. „heftig regnen": öcg am rähne, gitsche, jeesse
10. „jemanden (z. B. im Freibad) untertauchen": döcke
11. „naschen; Süßes essen": Schnüppe
12. „beim Spiel (etwa beim Kartenspiel) betrügen": betüppe, fuutele

Ein Kölsch-Fragebogen für Sülz: Der Purzelbaum wird *Kuckelebaum* genannt, der Bearbeiter entscheidet sich sowohl für *heim* als auch für *no Huss.*

»Kölsch«. Insgesamt viermal wurde ein Kreuzchen bei »Bergisches Platt« gemacht, es gab Doppelnennungen.

Das Paar *laufe* und *lofe* lässt sich als stadtkölsch-landkölscher Gegensatz interpretieren (siehe Seite 60). Auf dem Dünnwalder Fragebogen waren die Dialektsprecher gebeten worden, hochdeutsch »gelaufen« zu übersetzen. Die meisten Personen schrieben *jelofe* (93 Prozent), lediglich in 7 Prozent der Antworten tauchte stadtkölsches *jelaufe* auf! Ganz ähnlich lautete das Ergebnis für *Fleisch* vs. *Fleesch*, ebenfalls ein Phänomen, bei dem sich die Varianten als stadtkölsch *(ei)* und landkölsch *(ee)* einstufen lassen (siehe Seite 60). Stadtkölsch *ei* fand sich nur bei 11 Prozent der Dünnwalder Antworten. Mit anderen Worten: Auch die, die ihr Idiom in Dünnwald als Kölsch bezeichnen, verwenden in der Mehrzahl die hier angestammten Varianten *lofe* und *Fleesch* und vermutlich dann auch *Boom* und *Kleder* oder *Bööm* (Mehrzahl) und *jlöve*.

Gegen die Methode der Fragebogenerhebung wird immer wieder vorgebracht, dass auf diese Weise ja nicht das tatsächliche Sprachverhalten erfasst wird; so lassen sich lediglich Einschätzungen der Dialektsprechenden in Erfahrung bringen. Gelingt es allerdings, für einen Ort viele Menschen zu befragen, können sich deren Antworten wechselseitig ergänzen oder korrigieren. Wird ein Sprachfragebogen flächendeckend eingesetzt, wie es im 19. Jahrhundert schon Georg Wenker gemacht hat (siehe Seite 17), helfen die für die Nachbarorte B, C und D ausgefüllten Bogen, die schriftlichen Auskünfte für den Ortspunkt A zu beurteilen. Das LVR-Institut für Landeskunde und Regionalgeschichte in Bonn hat Ende 2017 zum wiederholten Mal eine Fragebogenaktion zu den Dialekten im Rheinland gestartet. Der Rücklauf aus Köln war ganz zufriedenstellend, sieht man einmal davon ab, dass die weit vom Zentrum entfernt liegenden Stadtteile doch nur lückenhaft vertreten waren. Die beiden Karten

laufe/lofe

ILR-Fragebogen 11 (2017/18)

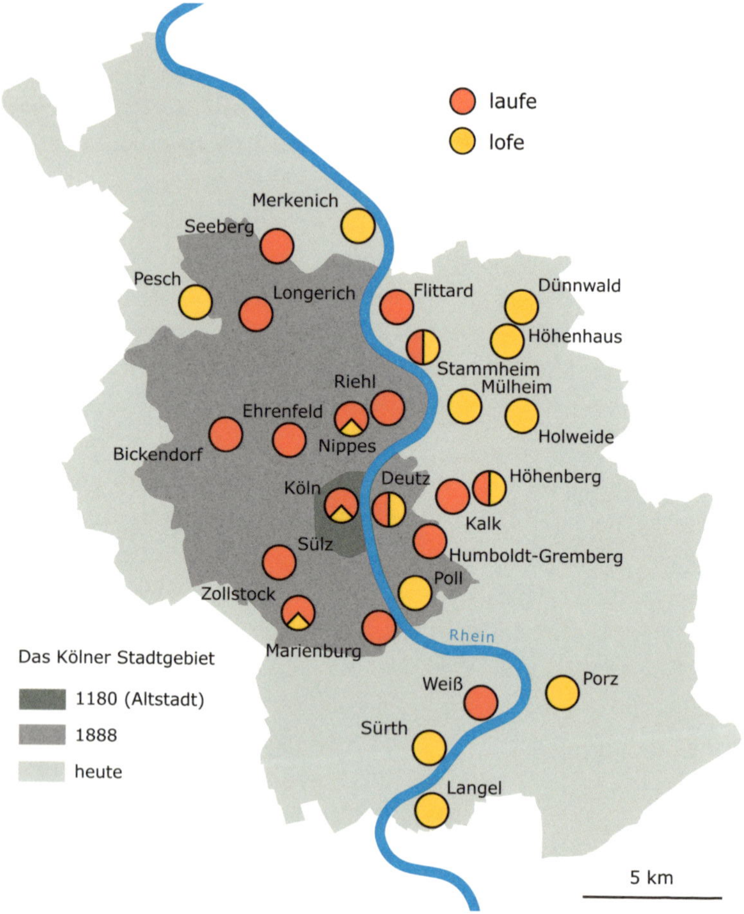

Je weiter man sich vom Dom entfernt, desto häufiger ist *lofe* zu hören.

probeere/probiere

ILR-Fragebogen 11 (2017/18)

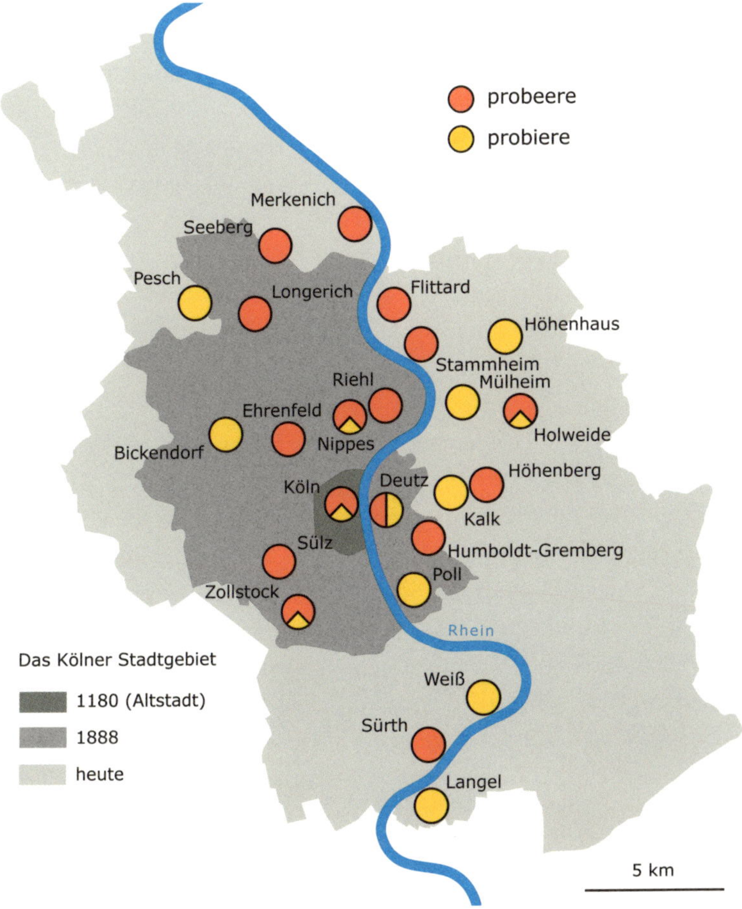

Eine Karte für *grateleere* und *grateliere* würde vermutlich ähnlich aussehen.

»laufe/lofe« und »probeere/probiere« gehen auf diese Erhebung 2017/18 zurück.

Auf der *schäl Sick*, so zeigt die Karte, wird heute noch häufig *lofe* gesagt. Vergleicht man das Kartenbild allerdings mit dem Wenker-Ergebnis von 1884/85 (siehe Seite 65), scheint sich die (stadtkölsche) *au*-Variante weiter auszubreiten. Dass sich diese Entwicklung aber nicht mit größtmöglicher Schnelligkeit vollzieht, legt die Dünnwalder Befragung von 2014 nahe.

Das Kartenbild für »probeere/probiere« ähnelt dem der Karte »laufe/lofe«; *probeere* (stadtkölsch) ist eher in den zentrumsnahen Stadtteilen zu finden, die ländliche Variante *probiere* eher in weiterer Entfernung vom Dom. Ein Dreiviertelsymbol ist auf dieser Karte für Köln-Zentrum, aber auch für Nippes, Zollstock und Holweide zu finden. Es besagt, dass die Mehrzahl der jeweiligen Fragebogen (oben) die Variante *probeere* hatte, dass aber seltener (unten) auch *probiere* gemeldet wurde. Ein vergleichbares Nebeneinander zweier Varianten zeigt sich auch auf der Karte »laufe/lofe«. Das Nebeneinander mehrerer Varianten innerhalb eines Dialekts oder einer Sprache ist beileibe kein Ausnahmefall oder gar ein Unglücksfall der Sprachgeschichte. Es ist ein Normalfall, wenn auch wohl nicht der am häufigsten zu beobachtende aller Normalfälle. Schang vum Vugelsang hat diesen Normalfall seinerzeit in seinem »Kleinen Wörterbuch der Kölner Mundart« beschrieben und dabei unter anderem das Nebeneinander von *Ohr* und *Uhr* »Uhr« oder von *grateleere* und *grateliere* thematisiert (siehe Seite 66).

Wenn es also um das »echte Kölsch« geht, das ja gern zum Thema gemacht wird, sei vor der Annahme gewarnt, es könnte sich dabei um eine gleichförmige, variantenfreie Sprache gehandelt haben. Wer *Ohr* sagt, kann auch *probiere* sagen! Kölsche Variationen ergeben sich auch deshalb, weil das Gebiet der Stadt Köln Teil einer größeren Dialektlandschaft ist. Auf Kölner Stadtgebiet können so nördliche und südliche, westliche und östliche Varianten aufeinanderstoßen, ineinander übergehen oder einander überlagern. Das zeigt sich sehr schön am Beispiel der Kölner Purzelbaum-Bezeichnungen.

Innerhalb der heutigen Stadtgrenzen konkurrieren die kölschen Synonyme *Tummeläut* und *Kuckeleboum* (oder *Kuckeleboom*) miteinander, wenn von einem Purzelbaum die Rede ist. Liest man dazu die Angaben im Wörterbuch Adam Wredes, scheint sich im Kartenbild die Ausbreitung der südlichen Variante *Kuckeleboum/-boom* auf Kosten einer nördlichen Bezeichnung *Tummeläut* darzustellen. Die Karte basiert auf einer Fragebogenerhebung des Jahres 2011. Eine Gewährsperson aus Dellbrück führte auf ihrem Bogen beide Synonyme auf, fügte die Lautvariante *Trummeläut* hinzu und nannte schließlich noch *Tirvel*. Damit zeigte sie genau die vier Bezeichnungen an, die sich in Wredes kölnischem Sprachschatz finden: Wurde hier vielleicht bei Wrede »abgeschrieben«? Auf der Karte werden diese Dellbrücker Angaben vorsichtshalber weggelassen. Was noch auffällt: Die im Bergischen Land (Olpe, Overath, Seelscheid …) verbreitete Bezeichnung *Hocklenbock* wurde von den Gewährspersonen im rechtsrheinischen Köln nicht genannt. Aber vielleicht hätte sich ein anderes Ergebnis erzielen lassen, wenn mehr Dialektsprecher mitgemacht und auch Menschen aus Wichheim, Brück oder Eil sich beteiligt hätten. Ob sie ihr Idiom nun Kölsch oder Platt nennen mögen.

Das Kölner Stadtgebiet ist schon wegen seiner Größe eine interessante Sprachlandschaft. Es kommen die alten Unterschiede zwischen stadtkölschen und landkölschen Varianten hinzu, nicht zu vergessen die Abstufungen in stilistischer Hinsicht, zum Beispiel: *Aasch – Bläcke – Fott – Hingerdeil (-deel) – Hingersch – Jesäß – Popo*. Heute wird manches durch das Mikrofonkölsch durcheinandergewirbelt, es kann sein, dass sich auch

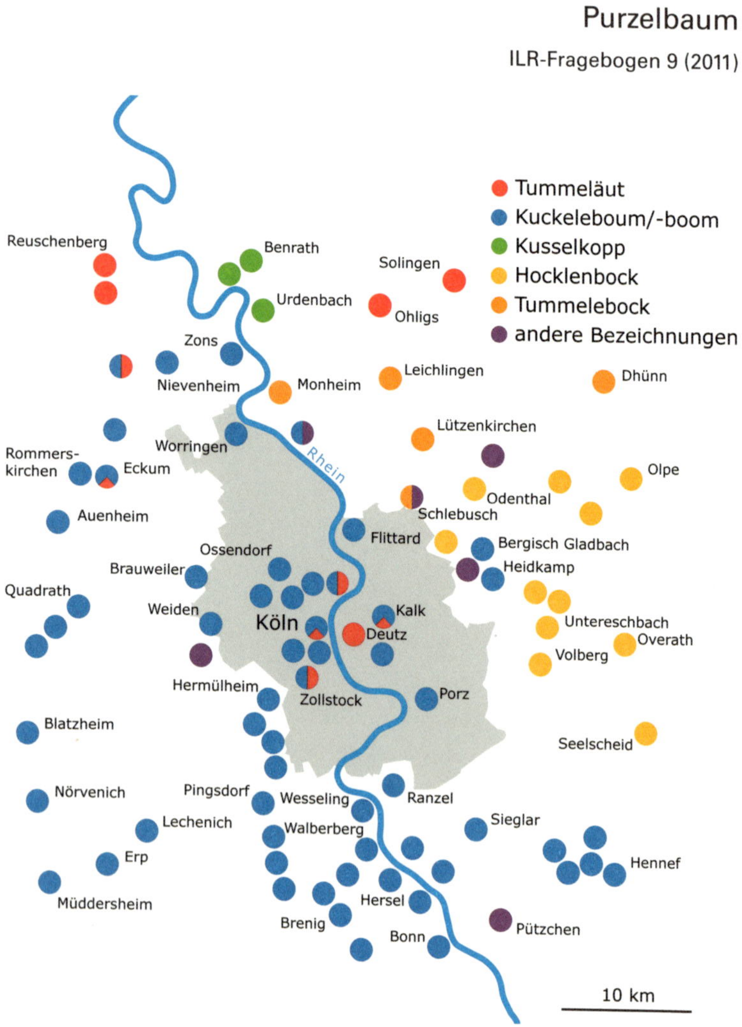

Tummeläut und *Kuckeleboum/Kuckeleboom:* Vor hundert oder zweihundert Jahren hätten möglicherweise mehr Menschen im Raum Köln *Tummeläut* gemeldet.

das Thekenkölsch der Sprache der Sängerinnen und Sänger angleicht. Viele Varianten auf dem rechten Rheinufer dürften den Stadtkölschen aber vertrauter sein, als es die markante und auf Abgrenzung zielende Bezeichnung *schäl Sick* glauben machen könnte.

Im Kölschen kann man jemanden beleidigen, indem man ihn *do schäle Apostel* oder *schälen Deuvel* nennt. Die ursprüngliche Bedeutung von *schäl* ist »schielend« oder »schief, schräg«. Die *schäl Sick* ist aus der Sicht dessen, der diese Bezeichnung in den Mund nimmt, immer die andere, die verkehrte, die falsche Seite. Die Kölner belegen mit diesem Namen das rechte Rheinufer gegenüber, die Düsseldorfer das linke. Mit Pferden, die früher die Schiffe flussaufwärts zogen und dabei wegen des Sonnenlichts blinzeln mussten, hat diese im Rheinland weit verbreitete Bezeichnung nichts zu tun.

Schäl Sick kann heutzutage in Köln ungemein positiv klingen. Man lese etwa die Ankündigung des »Dünnwalder Frühlings« 2017, so zu finden auf der Homepage der Stadt Köln:

> Kölsche Feierei für die ganze Familie gibt es am 20. und 21. Mai 2017 beim Dünnwalder Frühling auf der Schäl Sick. Das Veedel lockt mit einer großen Bühne, einem Kunsthandwerker-Markt und tollem Programm für die Pänz. Der Dünnwalder Frühling ist ein Straßenfest für die ganze Familie. Ein Highlight ist sicherlich das Bühnenprogramm, das zwei Tage lang mit Live-Acts und einem DJ für Stimmung im Veedel sorgt.

Highlight, Live-Acts, DJ – Kölsche Feierei, Schäl Sick, Veedel, Pänz: Anglizismen und »Colonialismen« *(kölsche Tön)* sollten dem verehrten Publikum einen Besuch des Dünnwalder Frühlings schmackhaft machen. Dabei steht Englisch für das Moderne und die große Welt, Kölsch für Heimat, aber irgendwie befinden sich beide Sprachen auf Augenhöhe.

Wer spricht Kölsch?

Wie man es auch dreht und wendet: Im Rheinland haben Dialektkenntnis und Dialektverwendung im Lauf des 20. Jahrhunderts stark abgenommen, besonders deutlich nach dem Zweiten Weltkrieg. Ausschlaggebend, wenn auch wohl nicht allein verantwortlich, war die Abwertung des Dialekts, wie sie sich auch anderswo in Deutschland beobachten ließ. In den 1970er Jahren kam es als Reaktion darauf zu einer »Dialektrenaissance«, die auch als »Mundartwelle« bekannt wurde: Die Kulturschaffenden nahmen sich des Dialekts an, Veranstaltungen im Dialekt bekamen ungeahnten Zulauf.

In Köln entstand eine neue Musikszene, in der sich die kölsche Sprache artikulieren konnte und durch die sie weit ins Land hinausgetragen wurde (siehe Seite 106). Im Jahr 1983 kam es zur Gründung der Akademie för uns kölsche Sproch. Nirgendwo sonst im Rheinland gab es und gibt es eine Institution vergleichbarer Größe und Ausstattung, deren Aktivitäten auf die eigene Sprache ausgerichtet sind.

Vor gut zwei Jahrzehnten publizierte die Kölsch-Akademie ihre Dokumentation mit dem Titel »Alles Kölsch«. In den beiden Jahren zuvor war dafür eine große Zahl Kölnerinnen und Kölner mit dem Tonbandgerät aufgenommen worden. Als Ergebnis des Projekts erschien 1998 das von Christa Bhatt und Markus Lindlar herausgegebene Buch zusammen mit vier CDs; darauf waren die Tonaufnahmen von insgesamt 105 Männern und Frauen, Jungen und Mädchen aus ganz Köln zu hören. Die beiden Jüngsten waren zum Zeitpunkt der Aufnahme (1996/97) gerade einmal zehn Jahre alt! Am Ende des 20. Jahrhunderts konnte man in Köln also durchaus noch auf Kölsch sprechende Jugendliche und Kinder, selbst im Grundschulalter, treffen!

Die *kölsche Sproch* ist ein Dialekt des Deutschen – und vielleicht sogar der größte Dialekt Deutschlands. Im Jahr 2007 hat ein Bonner Sprachforscher eine Schätzung dazu vorgenommen. Danach könnte die Zahl der Kölsch-Sprecherinnen und -Sprecher damals etwa 270 000 betragen haben!

Viel zu hoch? Wahrscheinlich ja. Seine Schätzung (oder Berechnung) ging von folgenden Rahmendaten aus: Von den etwa 1 023 000 Einwohnern Kölns hatten damals 709 000 keinen Migrationshintergrund. Der Dialektforscher nahm an, dass Einwohner mit Migrationshintergrund in der Regel nicht Kölsch sprechen. Mit Migranten sind hier die aus dem Ausland Stammenden gemeint, nicht die aus anderen Teilen Deutschlands Zugezogenen. Im Anschluss unterteilte er die Kölner nach ihrem Lebensalter in vier Gruppen. Die jüngste umfasste die Kinder im Alter bis zu 14 Jahren, zur ältesten gehörten die Menschen der Gruppe 65 plus. Jeder dieser vier Gruppen ordnete er einen Kölsch-Wert (= Anteil der Menschen, die Kölsch sprechen) zu, wobei er für die Gruppe der Kinder lediglich 1 Prozent ansetzte:

Alter:	Kölsch-Wert:
0–14 Jahre:	1 %
15–39 Jahre:	30 %
40–64 Jahre:	40 %
65 Jahre und älter:	60 %

So kam er schließlich auf die Zahl von 270 000 Kölnerinnen und Kölnern mit Kölsch-Kompetenz! Das wären 27 Prozent aller Einwohner oder 38 Prozent aller Einwohner ohne Migrationshintergrund.

Dünnwalder Frühling 2014: An der dort durchgeführten Fragebogenerhebung zum Dialekt hatten sich 52 Personen aus Dünnwald beteiligt (siehe Seite 54). Die Angaben zum Alter beantworteten 7 von ihnen nicht, die übrigen 45 Dialektkompetenten gehörten folgenden Jahrgängen an:

Jahrgänge:	ausgefüllte Fragebogen:
1920–1929:	5
1930–1939:	9
1940–1949:	10
1950–1959:	11
1960–1969:	6
1970–1979:	4

Für eine angemessene Interpretation dieser Verteilung der Altersgruppen wäre es notwendig, die Besuchergliederung des Dünnwalder Frühlings zu kennen: Waren 2014 nur wenige junge Leute auf dieses Straßenfest gekommen? Fehlen Fragebogen der seit 1980 Geborenen deshalb, weil sich diese Dünnwalder nicht mehr als Kölsch-Sprecher (Dialektsprecher) sehen? Oder hätten sie den Fragebogen gar nicht ausfüllen können?

Zurück zur Schätzung von 2007: Ausgehend von der Annahme, dass alle Dialekte innerhalb der heutigen Millionenstadt Köln zum Kölschen gehören, ließe sich die Zahl der Kölsch-Sprecher mit einem linguistischen Taschenspielertrick noch mal erhöhen. Dabei fällt den aus Pulheim, Hürth oder Bergisch Gladbach stammenden Kölnern die entscheidende Rolle zu: Wer in der Vergangenheit aus einem Ort in der Umgebung Kölns in die Domstadt zog und von Hause aus Dialektsprecher war, konnte mit den »echten« Kölnern problemlos Dialekt sprechen. Die »interdialektale« Verstehbarkeit war gegeben: Wer sich also traute, sein Landluft verströmendes Idiom im Gespräch mit den geborenen Kölschen einzusetzen – musste der nicht auch zu den Dialektsprechern gerechnet werden? Wissenschaftliche Untersuchungen zu diesen Formen innerörtlichen Sprachkontakts fehlen leider völlig. Aber so etwas muss es gegeben haben. Wenn die Zugezogenen ihrem Dialekt dann die Stange gehalten haben, wird er auf die Dauer immer stärker »eingekölscht« worden sein. Bei großzügiger Betrachtung muss es also zugezogene Kölsch-Sprecherinnen und -Sprecher gegeben haben (die von manch anderen Einwohnern vielleicht als *Pimock* oder *Imi* abgetan wurden). Im Jahr 2007 konnten solche anderswo geborenen Kölner, vor allem Senioren und Seniorinnen, die Kölsch-Bilanz positiv beeinflussen.

Umgekehrt lebten 2007 viele Kölsch-Sprecher im Kölner Umland. Dazu muss man sich nur einmal die Adressenliste der Mitglieder im Heimatverein Alt-Köln ansehen. Wenn man diese Personengruppe auch noch einbezieht – ein zweiter Taschenspielertrick sozusagen –, wächst das unter der rot-weißen Kölsch-Fahne segelnde Idiom noch einmal beträchtlich.

Eine Kölner Tageszeitung brachte 2009 einen beinahe ganzseitigen Beitrag über – so hieß es – den »Gipfel der Kölschrocker: Niedecken trifft Brings«. Es handelte sich um die Wiedergabe eines Gesprächs zwischen Wolfgang Niedecken und Peter und Stephan Brings; dabei drehte sich vieles um die Frage der Vitalität des Kölschen. Wolfgang Niedecken gab Einblicke in die Sprachwahl innerhalb der eigenen vier Wände:

> Meine Frau kommt aus Bayern, zu Hause spreche ich hochdeutsch. Aber wenn ich gefühlsbetont werde, in die eine oder in die andere Richtung, rede ich kölsch. Vor allem, wenn ich sauer werde, dann ist es am allerschlimmsten. Dann weiß man genau – jetzt kann der kein Hochdeutsch mehr, volle Deckung.

Stephan Brings hob die Unterschiede zwischen den Generationen innerhalb (s)einer Familie hervor:

> Wenn ich mit meinem Papa Streit habe, geht das nur auf Kölsch. Dann heißt das nicht: »Was ist jetzt mit dir, du Blödi.« Aber mit den Kindern kölsch zu sprechen, musst du eigentlich richtig planen – und das ist ja krank. Die haben eh keine Freunde, die kölsch verstehen.

Ähnlich äußerte sich Peter Brings. Aus einem seiner Gesprächsbeiträge baute die Zeitung die Überschrift für den ganzen Artikel: »In zwanzig Jahren spricht keiner mehr Kölsch«. – Diese Sorge braucht aber wirklich niemand zu haben: Im Jahr 2029 wird immer noch Kölsch gesprochen werden, wenn die Zahl der Sprecherinnen und Sprecher auch kleiner sein wird als 2009 oder 2019. Auch auf der Straße wird dann noch Kölsch zu hören sein. Was die abnehmende Kölsch-Kompetenz für die Musikgruppen kölscher Zunge und für die Akzeptanz bei ihrem Publikum bedeuten wird, ist wieder eine andere Frage. Aber (siehe Seite 105/108): Die Konzertbesucher in Norddeutschland oder in China haben ja noch nie die Texte aus Köln verstanden!

Welche deutsche Stadt könnte Köln in puncto Dialekt übertreffen? Drei Städte sind größer als Köln: Berlin, Hamburg und München, und vielleicht müsste man auch Frankfurt am Main und Stuttgart oder auch Leipzig und Dresden in die Überlegungen einbeziehen. In der Viererkonkurrenz der Millionenstädte scheidet Berlin von vornherein aus: Der echte Berliner Dialekt war einst das Plattdeutsche, das dort aber seit langem ausgestorben ist. Was wir heute unter »Berlinisch« oder »Berlinerisch« verstehen, ist lediglich eine hochdeutsche Umgangssprache mit einigen, wenn auch zum Teil sehr auffälligen Relikten des Plattdeutschen. Wenn der Berliner zum Beispiel *ick* oder *icke* sagt, klingt das alte Plattdeutsch nach. Dagegen gibt es in Hamburg noch ein paar Plattdeutsch-Sprecher – aber nach allem, was dazu zu lesen ist, kann es sich nur noch um eine kleine Minderheit in der Hansestadt handeln; *»se sünd sik so liek as en Kattuul un en Botterlicker«:* So klingt (oder klang) Hamburger Plattdeutsch: »sie sehen sich ähnlich wie eine Eule und ein Schmetterling«, sie sehen einander also überhaupt nicht ähnlich.

An München aber wird Köln vermutlich nicht heranreichen können. In Bayern ist der Dialekt heute noch viel stärker als im Rheinland, so dass die Münchener Ausgangslage eine ganz andere ist als die Kölner. Allerdings wird wohl nirgendwo in Bayern so wenig Dialekt gesprochen wie gerade in der Hauptstadt des Freistaats – ein Missverhältnis, das zwischen Köln und dem übrigen Rheinland ganz gewiss nicht besteht. Ein Zweites kommt hinzu: In Köln lässt sich der Dialekt (also Kölsch) recht scharf von den übrigen Sprachformen und damit auch vom Hochdeutschen abgrenzen. Die Verwandtschaft zwischen dem Bairischen (so die sprachwissenschaftliche Bezeichnung des dortigen Dialekts) und der deutschen Standardsprache ist aber eine ganz andere: Zwischen dem »tiefsten« Dialekt im unbedeutendsten Bergdorf Bayerns oder im entferntesten Vorort Münchens und dem Fernsehhochdeutsch bayerischer Politiker bieten sich deshalb viele kleinschrittige Übergangsformen an, die es eigentlich unmöglich machen, in Bayern einen klaren Strich zwischen Dialekt und Standarddeutsch zu ziehen. Lange nicht alles, was für ein Nordlicht Bairisch (Bayerisch) klingt, ist deshalb schon Dialekt. Trotzdem: Münchens Einwohnerzahl ist etwa anderthalbmal so groß wie die Kölns … Aber gemessen an der Medienpräsenz hat Kölsch die Nase vorn!

Wortgeschichten: *heim* und *superjeil*

»Dahoam is dahoam«: So heißt eine Serie im Fernsehprogramm des Bayerischen Rundfunks. Warum lautet der Titel nicht »Zuhause ist zuhause«? Es gibt wohl verschiedene Gründe: *Zuhause* ist norddeutsch und *daheim* süddeutsch, zudem klingt die Dialektversion *dahoam* für bayerische Ohren noch einmal heimatlicher als *daheim*. Und in *Heimat* ist dieses *heim (daheim)* ja auch wieder zu entdecken.

Das Rheinland ist heute, wenn es um *daheim* und *zuhause* oder um *heim* und *nach Hause* geht, ein geteiltes Land: *daheim* und *heim* ist derzeit, wenn überhaupt, nur noch im Süden der Region zu hören. Die Karte zeigt die Verteilung für die Ebene des Dialekts; die Darstellung basiert auf einer Erhebung des Jahres 2011. Im Süden des Rheinlands, besonders aber in der Eifel, sagt man *heem* (einschließlich *heim*). Am unteren Niederrhein *no Huus* (einschließlich *no Hüss*). Gut zu erkennen ist dieser Gegensatz am Farbkontrast zwischen Orange und Grün. Gelb steht für *no Heim*, einer Zwischenform zwischen *heim* und *no Huus*. Ganz im Westen, im Selfkant, sagt man *hewisch*. Lila ist dort zu finden, wo mehrere dieser Synonyme gemeldet wurden oder wo wieder etwas anderes zu hören ist.

In Köln und in seinen Stadtteilen dominiert auf der Karte Grün: *no Huss*. Hätte man dieselbe Frage vor fünfzig oder hundert Jahren gestellt, wäre sicherlich viel häufiger *heim* (Orange) aufgetaucht, in den Kölner Stadtteilen entsprechend: *heem*. Dass das Kölsche immer stärker von *heim* auf *no Huus* umstellt, hat zwei Kontexte. Erstens: Alle anderen Dialekte in der Kölner Umgebung wandeln sich in dieselbe Richtung. Zweitens: Auch das Hochdeutsche, wie es in der Domstadt zu hören ist, tendiert immer mehr zu *nach Hause* und *zuhause*, und diese Tendenz zeigt sich ebenfalls im übrigen Nordrhein-Westfalen: Köln und das Kölsche sind keine Insel!

no Huus/heim

ILR-Fragebogen 9 (2011)

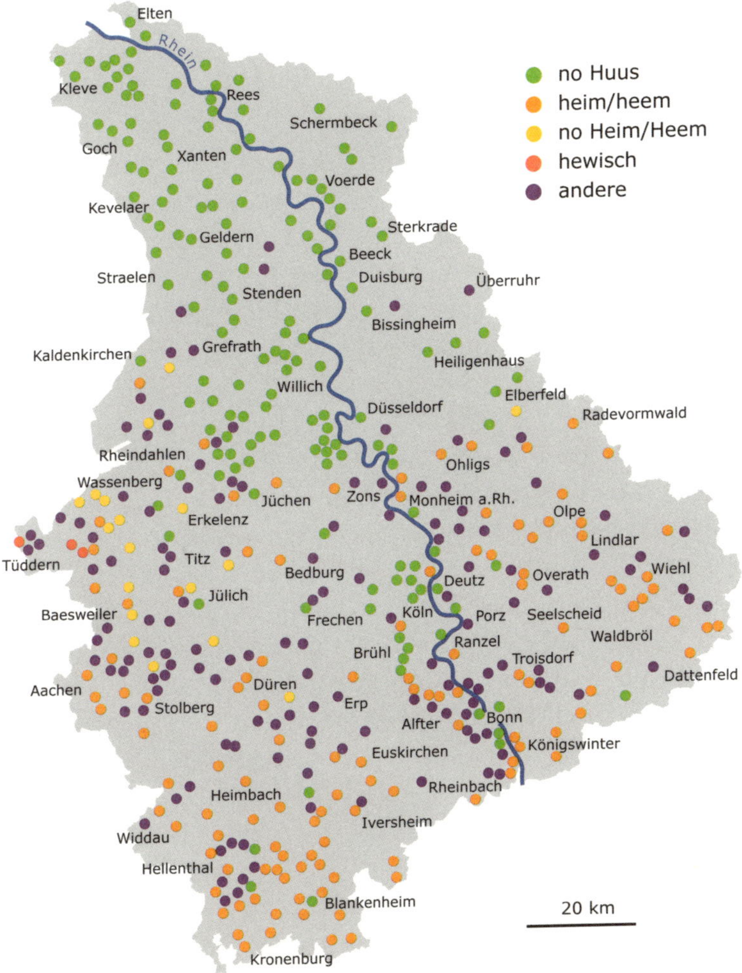

Die nördliche Form ist *no Huus* (grün), die Dialekte
im Süden haben *heim* oder *heem* (orange) –
und oft auch beides in demselben Ort nebeneinander (lila).

Bis 2017 gab es im WDR ein Format mit dem Titel »Daheim + unterwegs«. Dass *daheim* eine Vokabel war, die die meisten Einwohner von NRW kaum je selbst gebrauchten, hat man auch beim WDR gewusst, die Wahl dieses Titels hatte andere Gründe: *Daheim* klingt wohliger oder wärmer als *zuhause, daheim* transportiert ein Gefühl. Wie *Heimat*.

Heimjon, heimkumme – diese Tätigkeitswörter dürften, wenn die Beobachtungen zutreffen, von Jahr zu Jahr seltener in Köln zu hören sein. Wenn aber der FC im Müngersdorfer Stadion antritt, wird auch weiterhin von einem *Heimspiel* die Rede sein, die Mannschaft wird dort ihren *Heimvorteil* zu nutzen versuchen und niemals freiwillig auf ihr *Heimrecht* verzichten. Kehrt die Geißbock-Elf jedoch von einem Auswärtsspiel nach *Kölle* zurück, dann ist sie wieder *zehuss*. Im Gleichnis vom verlorenen Sohn aus der Franzosenzeit (1806, siehe Seite 44) kam der Zurückgekehrte dagegen wieder *»derheim«* an. In *heim* steckt eine alte germanische Wortwurzel, so dass es gut möglich ist, dass schon die frühen Franken am Mittelrhein einen Vorläufer des Wortes benutzt haben.

Wörter gehen, Wörter kommen. Zu den noch sehr jungen Elementen des kölschen Wortschatzes gehört *superjeil*. Zu verdanken ist es dem Brings-Song *»Superjeile Zick«* (im Original: *»Superjeilezick«*). Brings hätten vielleicht auch *hyperjeil* oder *ultrajeil* texten können, sie wählten jedoch *superjeil*. Das Lied wird seit dem Jahr 2000 gesungen, es hat seinen festen Platz im Kölner Kulturbetrieb und im Mitsingrepertoire gefunden.

Der Fünfsilber *superjeile Zick* fügt sich aus drei Bausteinen zusammen: Aus dem supermodern klingenden Vorsatz *super;* er stammt zwar ursprünglich aus dem Lateinischen, klingt heute aber auch stark nach Popkultur; man denke an den ABBA-Song »Super Trouper«. Aus *jeil,* jenem Adjektiv, das hochdeutsch *geil* in seiner aktuell erworbenen Bedeutung »toll« voraussetzt; wer *jeil* oder *geil* in diesem Sinne verwendet, ist eher bei den Jugendlichen als bei den Senioren zu finden. Und aus *Zick,* einem Wort, dessen velarisierte Form (siehe Seite 75) zu den typischsten Lautphänomenen gehört, die Köln zu bieten hat. *Superjeile Zick* verbindet formvollendet die moderne Zeit mit »echtem« Kölsch.

Zwischen Markenzeichen und Heimat

Kölner Dom, Kölnisch Wasser und kölsche Art

Wörter gehen, Wörter kommen – so hieß es im letzten Abschnitt, als *heim* (ein gehendes Wort) und *superjeil* (ein gerade erst geprägtes Wort) vorgestellt wurden. Zu den vergleichsweise jungen Vokabeln gehört auch *kölsch* – zumindest dann, wenn es um seinen Gebrauch im Hochdeutschen geht. Wenn also in deutschsprachigen Texten *die kölsche Art* oder *der kölsche Klüngel* oder *das Kölsche Grundgesetz* auftauchen. Die Stadt Köln warb 2018 auf ihrer Homepage für die Straßenfeste in den einzelnen Vierteln; der Anfang des Textes lautete: »Shoppen, Schunkeln und Verzällcher: auf den Straßen- und Veedelsfesten feiern die Kölner op kölsche Art. Wir geben einen Überblick über die Straßenfeste 2018.« Hier wird mit Kölsch (der Sprache) geworben.

Kölsch und *kölnisch:* Das erste der beiden Wörter ist im Dialekt daheim, das zweite im Hochdeutschen. Gebildet wurden die beiden Adjektive einst auf unterschiedliche Art: *Kölnisch* ist zusammengesetzt aus dem Ortsnamen *Köln + -isch.* Die Bildungsweise ist dieselbe wie bei *rheinisch (Rhein + -isch)* oder *Duisburgisch (Duisburg + -isch)*. Anders ist die Geschichte bei *kölsch* verlaufen: Auch hier geht das Ganze vom Ortsnamen aus (diesmal ohne *n*). Gebildet wird das Adjektiv dann aber mit Hilfe des Elements *-sch*: *köl + -sch,* wobei in der Regel nur ein *l* geschrieben wird, während *Kölle* zwei hat. Das *-sch* geht auf älteres *-sk* zurück, wie es beispielsweise im dänischen Adjektiv *dansk (dan + -sk)* vorkommt.

Adam Wrede hat sein in den 1950er Jahren erstmals erschienenes Wörterbuch »Neuer kölnischer Sprachschatz« genannt, während das von der Kölsch-Akademie 2005 herausgegebene Lexikon den Titel »Das Kölsche Wörterbuch« erhielt. Die Autorinnen Christa Bhatt und Alice Herrwegen haben sich bei ihrer Titelformulierung also für das ursprünglich mundartliche Adjektiv *kölsch* entschieden: In der zweiten Hälfte des 20. Jahrhunderts hat es dem hochdeutschen *kölnisch* den Rang abgelaufen – im Hochdeutschen wohlgemerkt!

Wer *kölsch* sagt, wenn er *kölnisch* meint, bringt darin oft auch eine bestimmte Haltung gegenüber der Sprache Kölns zum Ausdruck: *Kölsch* klingt emotionaler; die Höhner haben das in der Liedzeile »*Hey Kölle, do bes e Jeföhl*« zum Ausdruck gebracht. *Kölle* und *kölsch* statt *Köln* und *kölnisch* – beides ist heute immer wieder zu hören und zu lesen. In Bonn oder Krefeld etwa wundert sich wohl niemand, wenn eine Mail aus der Domstadt ankommt, die mit der Formel »Viele Grüße aus Kölle!« schließt. *Köln* und *kölnisch* werden durch Dialektformen ersetzt, die einen Mehrwert besitzen. Das funktioniert allerdings nicht in allen Kontexten. *Kölnisch Wasser* als Bezeichnung für ein bestimmtes Parfum lässt sich nicht als *Kölsch Wasser* vermarkten. Und der Kölner Dom wird auch nicht zum *Kölschen Dom;* es gibt Grenzen. Auf einem anderen Blatt steht, dass es »Kölsches Wasser« – als Markenname für eine bestimmte Limonade – sehr wohl gibt! In diesem Fall ist *kölsch* voll und ganz im Hochdeutschen angekommen, wenn es wie *kölnisch* oder *deutsch* gebeugt wird *(kölnisch-es, deutsch-es, kölsch-es).* In gleicher Weise sprechen wir ja auch vom *kölsch-en* Klüngel.

Die Aufwertung des Adjektivs *kölsch* hat sehr viel mit der besonderen Stellung des kölnischen Dialekts in Köln und, wie zu ergänzen wäre, außerhalb Kölns zu tun. In seiner Lautstruktur ähnelt es dem Adjektiv *deutsch: Kölscher* Humor und *deutsche* Gründlichkeit, *kölsche* Art und *deutsches* Wesen. Dass beim

Cologne ist nur
ein Wort,
Kölle ein Gefühl!

E IN

LLE

Kölschen Grundgesetz geschmunzelt werden darf, verrät eigentlich schon das Adjektiv *kölsch:* Das *Kölnische* Grundgesetz wäre vermutlich schon ein Stückchen ernsthafter, und bei der Formulierung *Kölner* Grundgesetz käme mancher vielleicht sogar auf die Idee, er habe in der Schule eine entscheidende Stunde im Geschichtsunterricht verschlafen.

Kölle und *kölsch* – diese beiden Wörter scheinen das Kölner Universum und die kölnische Sprache »verkörpern« zu können. Wer eins von ihnen aufruft, bringt eine Vielzahl von Assoziationen und Bildern ins Spiel (die auch schnell zu Klischees werden können). Und warum dann »Kölsch« im Titel dieses Buches? Nun, *Kölsch* hat sich als Bezeichnung des kölnischen Idioms inzwischen derart durchgesetzt, dass eine davon abweichende Wortwahl wie Sektierertum aussehen könnte. *Kölsch* – ein Wörtchen, das die Verbindung zur Heimatstadt unmissverständlich zum Ausdruck bringen kann: Ein Wörtchen wie ein Wappen. Es lässt sich wie ein Aufkleber oder ein Emblem nutzen: Was derart als *kölsch* markiert wird, gehört tatsächlich (oder vermeintlich) zu Köln.

Wo Kölsch draufsteht …

»Kölsch« steht zum Beispiel auf dem Umschlag eines »Lilliput«-Wörterbuchs. Wörterbücher dieser Reihe zeichnen sich durch ihr Format aus: Sie messen 5,8 × 4,8 cm (Höhe mal Breite) und werden vermutlich gern als Mitbringsel verwendet oder sonstwie verschenkt. Zwölf Dialekt- oder Regiolekt-Lilliputs sind auf dem Markt. Sie setzen im Norden mit »Plattdeutsch« ein, es gibt die Ausgaben »Berlinerisch« und »Ruhrpott-Deutsch«, an die sich »Kölsch«, »Hessisch« und »Sächsisch« anschließen. Für den Süden Deutschlands folgen »Badisch«, »Schwäbisch«, »Fränkisch« und »Bairisch«; jenseits der Staatsgrenze sind »Schweizerdeutsch« und »Wienerisch« angesiedelt. Nur bei »Berlinerisch«, »Wienerisch« und »Kölsch« taucht also der Name einer Stadt im Titel auf, Köln wird sich im Kreis dieser europäischen Hauptstädte wohlfühlen. Eine mögliche Alternative wäre »Rheinisch« gewesen, aber die Marketingstrategen des Verlags haben sich anders entschieden: Kölsch ist eben nicht nur einer der größten Dialekte Deutschlands, es ist – unter diesem Namen! – auch einer der bekanntesten Dialekte. Dass man im Rheinland dieses Büchlein auch außerhalb Kölns kaufen wird, darüber muss man sich wohl keine Sorgen machen.

Eine Postkarte, die man in Kölner Buchhandlungen erstehen kann, ziert der Text »Made in Kölle«, dazu ist ein Strichcode abgebildet. Pate stand natürlich das Gütesiegel »Made in Germany«. Cologne (»Made in Cologne«) wird hier durch *Kölle* ersetzt: Cologne ist nur ein Wort, *Kölle* aber (siehe Seite 141) ein Gefühl! Außerdem ist »Made in Kölle« noch der Titel eines Höhner-Albums. *Kölle* verkauft sich auch auf Englisch.

Auf Kölsch verkaufen lässt sich auch moderne Technik. Man nehme etwa die Werbeseite einer Elektronikkette mit der Überschrift »D'TECHNIK KÜTT«, so während der Fastnachtszeit 2016 in einer Solinger Umsonstzeitung – und sicherlich nicht nur da – erschienen. Weiter konnte der Kunde lesen, dass der »KARNEVALS-SALE« noch andauere. Englisch und Kölsch vertragen sich gut.

Sprachmenschen

»Sprachmensch« – dieser Begriff wird im Deutschen nicht sonderlich oft verwendet. Deshalb werden viele auch keine Idee haben, was er wohl meinen könnte. Im Rahmen dieses Buches ließe er sich vielleicht so fassen: Sprachmenschen sind Personen, denen die Sprache besonders viel bedeutet. Das können Dichterinnen und Dichter, Sängerinnen und Sänger sein. Menschen, denen das Herz aufgeht, wenn sie in der Fremde unverhofft die Klänge ihrer Muttersprache hören. Menschen, die ein Buchgeschäft betreten und mit einem Buch über Sprache wieder herauskommen. Mitglieder von Mundartvereinen, Besucher von kölschen Messen oder Frauen und Männer, die den Wunsch hegen, ein Wörterbuch für ihren Dialekt zu verfassen. Denen also die Sprache, allen voran die eigene, eine Herzensangelegenheit ist.

Bezogen auf Köln und Kölsch: Menschen, die gern in kölschen Lexika schmökern. Menschen, die Kölsch-Kurse für Grundschulkinder anbieten. Die sich von einem kölschen Navi leiten lassen, die sich über die Möglichkeit gefreut haben, am Kölsch-Banking teilnehmen zu können, oder die ihren sprechenden Computer (Alexa) auf Kölsch schimpfen lassen wollen. Menschen, die wissen wollen, ob Kölsch denn nun als Dialekt oder als Sprache zu gelten hat. Oder Menschen, die einfach mal wieder eine alte Schulfreundin besuchen – aus einem einzigen Grund: um endlich mal wieder so richtig Kölsch sprechen zu können.

Manche dieser Menschen werden von sich sagen, dass Kölsch ihre eigentliche Muttersprache *(Muttersproch)* ist. Der Sprachmensch Willi Ostermann in »Heimweh nach Köln« dazu:

In Köln am Rhing bin ich jebore,
ich han, un dat litt mir im Senn,
ming Muttersproch noch nit verlore,
dat es jet wo ich stolz drop ben.

Übersetzt:

In Köln am Rhein bin ich geboren,
ich habe, und das liegt mir im Sinn,

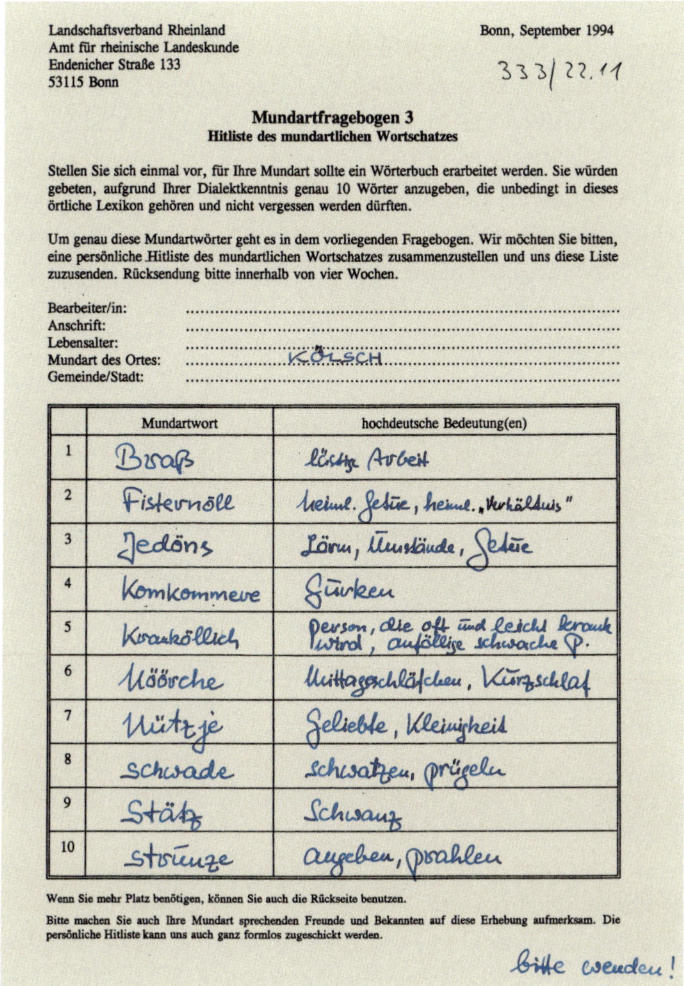
Landschaftsverband Rheinland
Amt für rheinische Landeskunde
Endenicher Straße 133
53115 Bonn

Bonn, September 1994

333/22.11

Mundartfragebogen 3
Hitliste des mundartlichen Wortschatzes

Stellen Sie sich einmal vor, für Ihre Mundart sollte ein Wörterbuch erarbeitet werden. Sie würden gebeten, aufgrund Ihrer Dialektkenntnis genau 10 Wörter anzugeben, die unbedingt in dieses örtliche Lexikon gehören und nicht vergessen werden dürften.

Um genau diese Mundartwörter geht es in dem vorliegenden Fragebogen. Wir möchten Sie bitten, eine persönliche Hitliste des mundartlichen Wortschatzes zusammenzustellen und uns diese Liste zuzusenden. Rücksendung bitte innerhalb von vier Wochen.

Bearbeiter/in: ....
Anschrift: ....
Lebensalter: ....
Mundart des Ortes: KÖLSCH
Gemeinde/Stadt: ....

	Mundartwort	hochdeutsche Bedeutung(en)
1	Braß	lästige Arbeit
2	Fisternölle	heiml. Getue, heiml. „Verhältnis"
3	Jedöns	Lärm, Umstände, Getue
4	Komkommere	Gurken
5	Krankköllich	Person, die oft und leicht krank wird, anfällige schwache P.
6	Möörche	Mittagsschläfchen, Kurzschlaf
7	Mützje	Geliebte, Kleinigkeit
8	schwade	schwatzen, prügeln
9	Stätz	Schwanz
10	strunze	angeben, prahlen

Wenn Sie mehr Platz benötigen, können Sie auch die Rückseite benutzen.

Bitte machen Sie auch Ihre Mundart sprechenden Freunde und Bekannten auf diese Erhebung aufmerksam. Die persönliche Hitliste kann uns auch ganz formlos zugeschickt werden.

bitte wenden!

Sprachmenschen machen gern bei Dialekterhebungen mit, und sie geben Tipps für weitere Projekte: »bitte wenden!« (siehe Seite 157).

meine Muttersprache noch nicht verloren,
das ist etwas, auf das ich stolz bin.

Die meisten Kölner, die heute sicher und gern Kölsch sprechen, werden beide Sprachen, Kölsch und Hochdeutsch, nebeneinander erlernt haben. Das Modell »Erst Kölsch, später Hochdeutsch« liegt schon länger zurück. Und doch kann Kölsch auch für die Menschen in der Gegenwart eine echte Herzensangelegenheit sein. So für Wilma Overbeck, eine Lehrerin, die als Leiterin des Chores Wilmas Pänz bekannt geworden ist. Als die Lehrerin 2013 in den Ruhestand ging, erschien in einer Kölner Tageszeitung ein großes Interview mit ihr, hier ein Ausschnitt:

> Frage: *Se han sich zick Johre för de kölsche Sproch in d'r Schull enjesetz. Woröm eijentlich?*
> Overbeck: *Kölsch es för mich de Hätzenssproch. Met vill Jeföhl kann mer winnich falsch maache.*

Übersetzt:

> Frage: Sie haben sich seit Jahren für die kölsche Sprache in der Schule eingesetzt. Warum eigentlich?
> Overbeck: Kölsch ist für mich die Herzenssprache. Mit viel Gefühl kann man wenig falsch machen.

Kölsch auf dem Mutterschoß lernen, Kölsch sozusagen mit der Muttermilch einsaugen – das ist lange her. Die echten »Muttermilchsprecher« sind selten geworden, aber Kölsch hat den Menschen, zumindest den Sprachmenschen, immer noch viel zu sagen.

Zwischen Dezember 2015 und März 2016 lief in einer in Münster erscheinenden Tageszeitung eine Serie zum Thema »Heimat«.

Viele Leser und Leserinnen, vor allem aus Westfalen stammende, beteiligten sich; die Redaktion wählte unter den eingesandten Beiträgen einige zur Veröffentlichung aus. Darunter war auch der Text einer gebürtigen Rheinländerin, die es nach Münster verschlagen hat und die sich dort pudelwohl fühlt. Aber:

> Natürlich gibt es auch Dinge, die ich hier [in Münster] vermisse. Den rheinländischen Karneval zum Beispiel. Was habe ich geheult, als ich als Azubi während den Zwischenprüfungen an Karneval nicht nach Hause fahren konnte! In dem Jahr war ich wohl der einsamste Jeck auf der Welt.

Die Frau stammt aus Bergisch Gladbach, ist in Münster glücklich liiert und hat einen Sohn. Und mit ihm kommt dann Kölsch ins Spiel:

> Mit meinem Sohn ist mir letztendlich ein Meisterstück gelungen: ein gebürtiger Münsteraner, der sich für den rheinischen Karneval begeistern kann und der auch einige Worte Kölsch versteht. Ich bin gespannt, woran er einmal das Gefühl »Heimat« festmachen wird.

Wenn der Sohn »einige Worte Kölsch« versteht, dann vermutlich, weil er die Lieder mitsingt, die seine Mutter so sehr mag. Sie hängt am rheinischen Karneval, geboren und aufgewachsen ist sie in Bergisch Gladbach. Die Lieder in kölscher Sprache sind für sie Teil der alten Heimat. Man darf davon ausgehen, dass für diese Frau, Jahrgang 1974, weder Kölsch noch Platt die *Muttersproch* ist – aber Kölsch transportiert trotzdem ein Heimatgefühl. Sie lebt gern in Westfalen und will nicht ins Rheinland zurück, weder nach Bergisch Gladbach noch nach Köln noch sonstwohin – die *kölschen Tön* reichen ihr.

Heinrich Böll und Wolfgang Niedecken

Heinrich Böll und Wolfgang Niedecken – zwei der bekanntesten Kölner Sprachmenschen. 1984 haben sich die beiden in Kreuzau-Langenbroich zu einem langen Gespräch über Köln, Gott und die Welt getroffen, der WDR hat die Unterhaltung mitgeschnitten. Gesendet wurde das Ganze erstmals am 6. Januar 1985. Im Dezember 2017 – Böll wäre nun 100 Jahre alt geworden – war der Mitschnitt wieder im Radio zu hören.

Niedecken und Böll: In puncto Kölsch konnten zwei Kölner wohl verschiedener nicht sein. Seine »Abneigung« gegenüber dem Kölschen hatte Heinrich Böll schon 1979 in einem Gespräch mit Werner Koch unmissverständlich zum Ausdruck gebracht. Die Mitschrift dieses Gesprächs erschien noch in demselben Jahr in einem »Merian«-Heft über Köln, später wurde sie in die Kölner Ausgabe der Werke Bölls übernommen. An einer Stelle ging es, so Böll, zunächst um die »typisch kölsche Arroganz«. Von dort kam Böll dann auf das Verhältnis des linksrheinischen Köln zur *schäl Sick* zu sprechen; der Rhein werde als eine echte »Trennung« empfunden oder doch zumindest hervorgehoben; und weiter:

> Aber ich glaube, hier [in Köln] ist sie [die Trennung; oder: die Arroganz] einfach begründet durch dieses ständige Sichberufen auf das Alter der Stadt und auf die römische Vergangenheit und was weiß ich. Und ich hab' das immer als Arroganz empfunden und gleichzeitig als Anbiederung. Wenn du also irgendwo rumliefst, beim Militär oder wie die Scheiß-Organisationen alle hießen, und da merkte einer, daß du aus Köln bist, kam sofort dieses Schulterklopfen und so. Und das hat mich angekotzt. Einer der Gründe, warum ich also bis heute eine wahrscheinlich unbegründete

Abneigung gegen Platt habe. Ich kann sehr gut Kölsch in allen Variationen. Aber ich bringe es nicht über die Lippen, weil es für mich mit diesen Anbiederungsversuchen zu tun hat. Wenn man beim Militär und – ich wiederhole: anderen Scheiß-Organisationen ähnlicher Art so jemand traf, der war sofort, als wenn man einen Bruder träfe. Was verbindet mich mit denen? Nichts hat mich mit denen verbunden, verstehst du.

Ein Sprachmensch wie Böll muss also nicht per se Kölsch-Liebhaber sein. Dagegen Niedecken: »Alle Dialekte werden auf Dauer verschwinden, doch BAP wird es nie auf Hochdeutsch geben. Das durchgehalten zu haben, darauf bin ich stolz.« Dieses Niedecken-Zitat ist in einem ganzseitigen Bericht einer Hamburger Tageszeitung aus dem März 2011 zu finden. Der Text war eine einzige Würdigung des Texters, Sängers und Kölsch-Sprechers – und erschien in Hamburg!

Böll sagte also von sich, er beherrsche Kölsch »sehr gut«, sogar »in allen Variationen«. Die weniger auffällige Variation, das rheinische Deutsch oder die rheinische Umgangssprache, floss bei ihm sicherlich öfter ein. Aus dem Gespräch mit Niedecken nehme man etwa die Passage: »Aber das wieder aufgebaute, dynamische Köln – nennen wir es dynamisch –, das paßt nun überhaupt nicht.« In dieser Schriftform wurde der Mitschnitt des Langenbroicher Gesprächs publiziert. Wer jedoch die Aufnahme abhört, stellt fest, dass Böll über *dat wieder aufgebaute, dynamische Köln* gesprochen hat und dass das letzte Wort in diesem Satz ein *nitt* war, kein *nicht*. Das wären schon mal zwei typisch kölsche Elemente.

»Echt« Kölsch war dann bei ihm zu hören, als ihm seine Vaterstadt 1983 das Recht eines Ehrenbürgers verlieh. Der letzte Absatz seiner Dankesrede damals enthielt, wie er sagte, »eine kleine Hommage an den lokalen Sprachgenius Kölns«:

an die fast schon zahlreichen kölschen Musikgruppen, die, so scheint mir, dies etwas allzusehr in kölsche Gemütlichkeit versunkene Kölsch wieder zum Leben erweckt und fast zu einer Weltsprache gemacht haben. Auch ich möchte, um diesem Sprachgenius zu huldigen, einen Vers aussprechen, in dem sich auch Schuld und Unschuld eines Autors ausdrücken: *»Ich han dem Mädche nix jedonn, ich han et bloß ens kräje.«*

Man beachte, wie Böll hier das Adjektiv kölsch verwendet: die »kölschen Musikgruppen«, die »kölsche Gemütlichkeit«! Und dass Kölsch dank der Bands nun zu einer »Weltsprache« geworden ist, zumindest »fast«, werden viele im Saal mit Freude gehört haben, die bei Bölls Abschluss im Dialekt an das unter dem Titel »Ajuja« bekannte Lied gedacht haben dürften. Bölls »Vers« stimmt zwar nicht komplett mit dem Text dieses Liedes überein, aber das musste er wohl auch nicht unbedingt.

»Uns Sproch es Heimat« (Kölner Sessionsmotto 2019)

In »Deutschland. Ein Wintermärchen« lässt Heinrich Heine uns an den Gefühlen dessen teilhaben, der nach langer Zeit zurück in die Heimat kommt:

Und als ich an die Grenze kam,
Da fühlt ich ein stärkeres Klopfen
In meiner Brust, ich glaube sogar
Die Augen begunnen zu tropfen.

Dann hört er die ersten Worte in seiner Muttersprache:

> Und als ich die deutsche Sprache vernahm,
> Da ward mir seltsam zumute;
> Ich meinte nicht anders, als ob das Herz
> Recht angenehm verblute.

Nachzutragen wäre vielleicht noch, dass diese ersten deutschen Worte hinter der Grenze nicht aus der Schimpfkanonade eines Fuhrknechts bestanden, sondern zum zauberhaften Gesang eines Harfe spielenden Mädchens gehörten. Heine war eben ein Dichter. Und damit ein Sprachmensch – und zugleich ein Dialektverächter. Das Platt seiner Vaterstadt Düsseldorf mochte er nicht, noch schlimmer klang für ihn allerdings Kölsch:

> Das war ein großer Vortheil für mich daß solchermaßen schon in der Kindheit durch meinen Vater mein Ohr an eine gute Aussprache des Deutschen gewöhnt wurde, während in unserer Stadt selbst jenes fatale Kauderwelsch des Niederrheins gesprochen wird, das zu Düsseldorf noch einigermaßen erträglich, aber in dem nachbarlichen Köln wahrhaft ekelhaft wird.

Am Rosenmontag 2018 gab der Festausschuss Kölner Karneval das Motto für die neue Session bekannt: »*Uns Sproch es Heimat*«. Viele in Köln werden anerkennend gepfiffen oder zustimmend genickt haben, als sie im Zug den Wagen erblickten, auf dem das Motto zu lesen war: Hier war der richtige Ton getroffen worden oder: Hier stimmten die *kölschen Tön*.

Uns Sproch: Durch den Namen der Akademie för uns kölsche Sproch hat sich die *Sproch* als Bezeichnung des Kölner Idioms fest etabliert. Und heißt *Sproch* nicht auch, dass Kölsch mehr ist

2007 überreichten die Roten Funken einem Bonner Sprachforscher nach seinem Vortrag bei ihnen den Orden »Och do bes Kölle«, die Buchidee war geboren.

BES KÖLLE

als ein x-beliebiger Dialekt? Und es ist *uns Sproch* »unsere Sprache«. Nicht die sprachliche Varietät anderer Städte oder fremder Völkerschaften, sondern die unsrige: *»Mir all sin Kölle« – un mir spreche/bubbele/schwade un singe uns kölsche Sproch!*

Heimat: Der gesellschaftliche Diskurs über die »Heimat« hat in den letzten Jahren enorm an Fahrt aufgenommen. Es gibt Heimatministerien, man denkt über Heimatmuseen auf der Ebene von Bundesländern nach. Das Sessionsmotto passt auch sehr schön zu dem bekannten Zitat Wilhelm von Humboldts: »Die wahre Heimath ist eigentlich die Sprache.«

Das Motto thematisiert nicht nur die kölsche Sprache, es ist auch in kölscher Sprache formuliert. Form und Inhalt werden eins. Das Motto befriedigt die in der Stadt am Rhein mitunter gepflegte Neigung zur Kölnseligkeit, es beschreibt zugleich in angemessener Weise ein Stück Kölner Sprachrealität.

Wortgeschichten: *After-Zoch-Party* und *schwade*

Dass eine auf einem Plakat beworbene *»After-Work-Party«* oder eine *»After-Job-Party«* im Rheinland stattfindet und nicht etwa in Amerika, verrät die Schreibung. Die Bindestriche sind typisch für die deutsche Orthografie. Im Übrigen handelt es sich bei den beiden Bezeichnungen natürlich um Entlehnungen aus dem Englischen. *Party,* für sich genommen, ist allerdings längst im Deutschen zuhause.

After-Zoch-Party: Dieser Dreiteiler ist ein rheinländischer Hingucker. Denn er vereinigt Bestandteile aus drei Sprachen in sich. Das erste Element ist dem Englischen zu verdanken, das dritte *(Party)* kann als deutsches Nomen durchgehen. *Zoch,* in der Mitte, ist ein Kennwort der kölschen Karnevalssprache. Der Bauplan wäre also Englisch-Kölsch-Deutsch, das Vorbild lau-

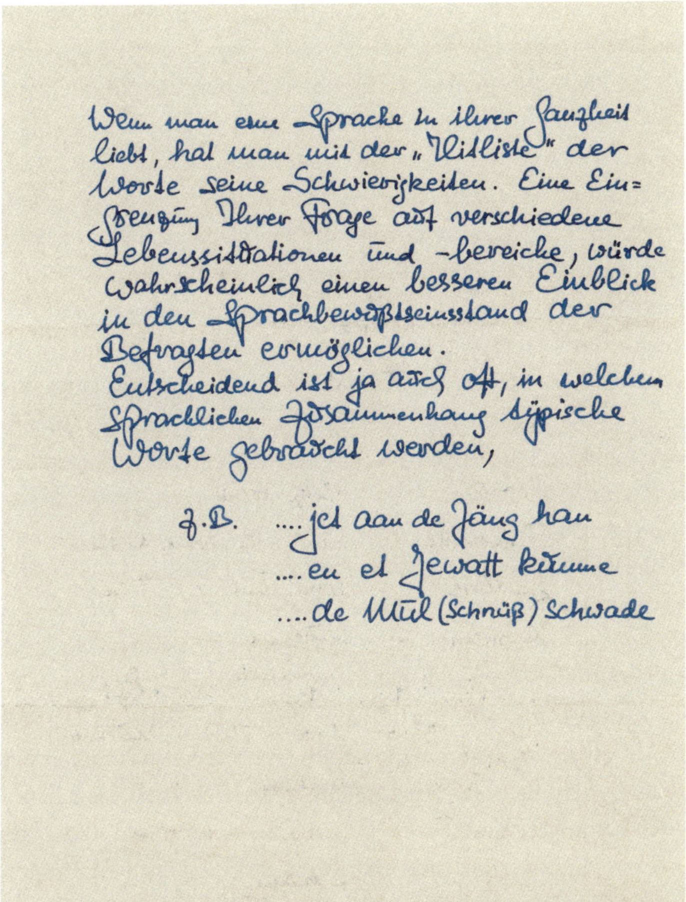
Wenn man eine Sprache in ihrer Ganzheit liebt, hat man mit der „Hitliste" der Worte seine Schwierigkeiten. Eine Ein=
engung Ihrer Frage auf verschiedene Lebenssituationen und -bereiche, würde wahrscheinlich einen besseren Einblick in den Sprachbewußtseinsstand der Befragten ermöglichen.
Entscheidend ist ja auch oft, in welchem sprachlichen Zusammenhang typische Worte gebraucht werden,

z.B. ....jet aan de Jäng han
....en et Jewatt kumme
....de Mül (Schnüß) Schwade

Rückseite des Fragebogens aus dem Jahr 1994 (siehe Seite 147). »Wenn man eine Sprache in ihrer Ganzheit liebt«: So etwas schreiben Sprachmenschen.

tet *After-Work-Party*. Bei dem Veranstaltungsnamen »*Fun Kölsch Karneval*« wurde dieselbe Reihenfolge bei den drei beteiligten Sprachen gewählt, aber auf die Bindestriche verzichtet. Die Diskoveranstaltung »*Jeck Dance*« schließlich kommt mit einem zweiteiligen Namen aus, diesmal steht das kölsche Element vorn, das englische hinten.

Kölsch und Englisch auf Augenhöhe (siehe Seite 130): Bildungen wie *After-Zoch-Party, Fun Kölsch Karneval* oder *Jeck Dance* führen zusammen, was – in den Augen der Wortschöpfer – zusammengehört: die Weltsprache Englisch und die Heimatsprache Kölsch. Die Botschaft lautet: Kölsch geht mit der Zeit! Kölsch ist hip!

Kölsch kann man *kalle, bubbele, schwade* (siehe Seite 11): Jedes der drei Verben ist auf seine Weise interessant, *schwade* deshalb, weil es in den letzten hundert Jahren seine Verwendungsmöglichkeiten offenbar erweitert hat. Wie Peter Honnen in seinem Wörterbuch »Wo kommt dat her?« herausarbeitet, dürfte das kölsche *schwade* eher mit *schwatzen* und *schwätzen* als mit *Schwarte* verwandt sein. In Adam Wredes Wörterbuch kommt *schwade* im Sinne von »reden« nur im Kontext von *de Mul schwade* vor und bedeutet dann »unaufhörlich reden, schwätzen«.

Zu Beginn dieses Buches sind viele Belege für *Ich schwade Kölsch* aufgelistet worden, zusammengetragen im Rahmen der Fragebogenerhebung 2017/18. Sie zeigen, dass *schwade* heute auch ohne jeden negativen Beigeschmack auftreten kann; die kölsche Musikszene mag mit ihren Texten dazu beigetragen haben. So kann ein Friseurbetrieb in Köln heutzutage durchaus damit werben, dass dort »*de Schnüss jeschwaad*« wird: »Lassen Sie sich in unserem typisch kölschen Ambiente nach Herzenslust verwöhnen. *He weed de Schnüss jeschwaad, jedrunke und jelaach …*«. Und am 29. Februar 2016 erschien in Köln eine Tageszeitung mit einer aus 16 Seiten bestehenden Sonderausgabe auf Kölsch; der Aufmacher auf der Seite eins lautete »*Mer schwaade kölsch!*« Was sich an dieser zweiten Wortgeschichte zeigt: Sprache ändert sich, manchmal ganz langsam, fast unmerklich.

Keine Fisematenten!

Ein Buch über Kölsch (die Sprache) könnte auch vier- oder fünfhundert Seiten stark werden. Es stehen ja viel mehr interessante Forschungsergebnisse zur Verfügung, als hier aufgegriffen werden konnten. Heinrich Matthias Heinrichs hat sich etwa mit dem Verhältnis von gesprochener und geschriebener Sprache im mittelalterlichen Rheinland beschäftigt. Oder das viele Kölner interessierende Thema der französischen Entlehnungen: Dazu liegen beispielsweise sehr ergiebige Studien von Emil Öhmann und von Artur Greive vor. Dass die *Fisematenten* nun gerade nicht zu den Französismen gehören und mit der napoleonischen Zeit Kölns erst recht nichts zu tun haben, muss dabei immer aufs Neue wiederholt werden – die Geschichte von dem »*Visite ma tente!*« hält sich ja hartnäckig.

Auf der anderen Seite ist nicht zu übersehen, dass manches, was man schon immer über Kölsch wissen wollte, bislang kaum je zum Thema ernsthafter Untersuchung geworden ist. Es liegen eigentlich keine belastbaren Zahlen zur Kölsch-Kompetenz vor: Wer spricht (oder sprach) Kölsch, wer versteht (oder verstand) Kölsch? Die Fragen lassen sich auf Kölsch als Alltagssprache und auf Kölsch als Sprache von Texten und Liedern anwenden.

Vor zwanzig, dreißig Jahren erzählte man sich in Köln gern die folgende Geschichte (in Variationen): Kölner machen Urlaub in der Türkei, treffen dort bei einem Ausflug in irgendeinem Dorf auf Türken, die fließend Kölsch sprechen. Die Erklärung: Sie hatten bei Ford in Köln gearbeitet und dort von ihren Kollegen

Kölsch gelernt. Berührt wird damit eine ungemein spannende Frage: Kölsch als Zweitsprache. Im 20. Jahrhundert haben viele Menschen in Köln ihr Kölsch nicht in der Familie, sondern »auf der Straße« erlernt, also beim Spielen, auf dem Schulhof, am Arbeitsplatz. Norbert Burger und Volker Gröbe sind als Beispiele für diesen Sprechertyp vorgestellt worden (siehe Seite 33). Dazu wüsste man gern mehr, auch im Hinblick auf die Sängerinnen und Sänger kölscher Lieder heute.

Eine Frage, die den Kölnern vielleicht nicht auf den Nägeln brennt, die aber in der näheren und weiteren Umgebung oft diskutiert wird, ist die nach der heutigen Ausstrahlung des Kölschen: Überall werden kölsche Lieder gehört und mitgesungen, Kölsch wird in Orten akzeptiert, in denen ein eigener Dialekt mit anderen Merkmalen zuhause ist: Verändern sich diese Dialekte unter dem Einfluss des omnipräsenten Kölsch?

Wenn Sprache tatsächlich Heimat ist, dann haben ihre Sprecherinnen und Sprecher es verdient, dass diese Sprache unter die Lupe genommen, beleuchtet oder porträtiert wird. Das gilt für Weltsprachen, das gilt für Kölsch. Es ist also zu hoffen, dass die Kölsch-Forschung weitergeht, auch wenn die Akademie för uns kölsche Sproch im Mediapark ihre Abteilung Sprachwissenschaft kürzlich geschlossen hat.

Keine Fisematenten! Diese im Rheinland nicht selten zu vernehmende Mahnung lässt sich auch an Sprachforscherinnen und Sprachliebhaber richten. *Fisematenten* sind nach dem Wörterbuch der Brüder Grimm (in seiner Neubearbeitung) »ausflüchte, taktische handlungen zum eigenen vorteil« (man schreibt dort klein!). Im Wörterbuch der Kölsch-Akademie geben Christa Bhatt und Alice Herrwegen »unnütze Umstände« und »Ausflüchte« als Bedeutung an. Im Rheinland wird das Wort oft einfach im Sinn von »Unsinn, dummes Zeug« gebraucht. Geschrieben wird es im Standarddeutschen *Fisimatenten,* im Kölschen kommt das

Wort mit nur einem *i* und ohne das End-*n* aus: *Fisematente,* in der Umgangssprache des Rheinlands wird daraus *Fisematenten: Keine Fisematenten!*

Die Rheinländer neigen allerdings, wenn es um *Fisematenten* geht, zu genau diesen! Sie haben geradezu ein Faible für *Fisematenten,* zumindest für die Herleitung des Wortes. Zu dessen Entstehung kursiert in Köln und im übrigen Rheinland, wieder in Variationen, eine Geschichte, die fast alle Leser und Leserinnen dieses Buches schon einmal gehört (oder erzählt) haben werden. Während der sogenannten Franzosenzeit um 1800 luden französische Soldaten gern junge Kölner Frauen zu sich ins Zelt ein. Die Worte, die sie dabei gebrauchten, waren *»Visite ma tente!«* oder *»Visitez ma tente!«*, also: »Besuche/Besucht mein Zelt!«. Es ging um Verführung. Die Kölner Eltern warnten ihre Töchter mit der Aufforderung, keine *Visite-ma-tente:* keine *Fisi-ma-tente* zu machen.

Statt des Zeltes *(tente)* wird manchmal eine *Tante* bemüht, manchmal waren es spanische anstelle der französischen Soldaten, und nicht immer ist Köln der Ort der Handlung, wenn die Geschichte im Rheinland erzählt wird. Welche Variante auch immer – alle sind sie frei erfunden und aus der Luft gegriffen. Wie das Wort *Fisimatenten* oder *Fisematenten* wirklich entstanden ist, lässt sich wohl nie mehr genau rekonstruieren. Was wir aber wissen, ist erstens: Im Umlauf war es schon lange bevor Napoleon das Rheinland an Frankreich angliederte. Zweitens: Köln spielt in der Wortgeschichte eine zentrale Rolle.

Hier kommt die schon genannte Chronik von Johann Koelhoff ins Spiel, in Köln 1499 im Druck erschienen. Darin findet sich der Satz: *»it is ein viserunge ind ein visimetent, ind der is unzellich vil«.*

Mit *visimetent* begegnet hier ein Vorläufer von *Fisematenten* oder *Fisimatenten,* wenn auch noch in der Einzahlform und ohne das heutige *a* in der dritten Silbe.

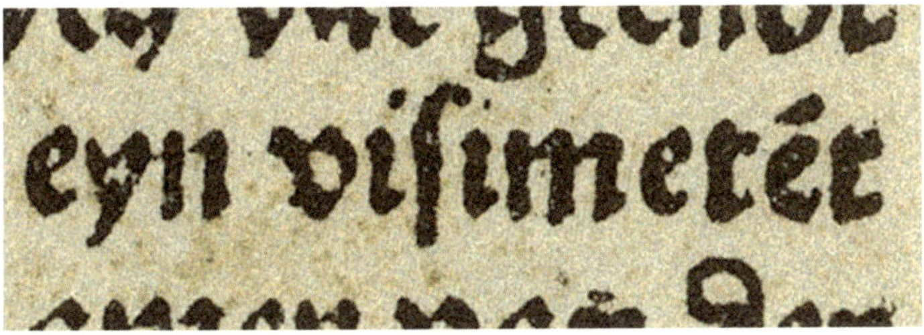
eyn viſimetēt

visimetent in der Koelhoff'schen Chronik von 1499: Das *n* wird durch einen Überstrich auf dem *e* dargestellt.

An der Stelle, an der dieser Satz in der Chronik zu finden ist, geht es um die seinerzeit in Köln kursierende Geschichte, Deutz sei älter als Köln und Deutz sei vor Jahrhunderten ein viel größerer Ort gewesen als die Domstadt auf der anderen Rheinseite. Diese Geschichte, so der Chronist, sei frei erfunden oder basiere auf unzulänglichem Hörensagen des ungebildeten Volkes«: *»van slechten hoerensagen des ungeleirden volks«*. Was davon zu halten sei: Diese *»viserunge«* (»Schilderung«) sei nichts anderes als ein *»visimetent«:* »Unsinn«.

In Wortgeschichten, Anekdoten und Zitaten verdichtet sich Sprachgeschichte. So wird sie fassbar und erzählbar, etwa in der Schaaffhausen-Anekdote von der preußischen »ärm Famillich« (siehe Seite 49). *»Do hirohde mer in 'n ärm Famillige«* soll der Kölner Bankier Schaaffhausen mit Blick auf die Preußen gesagt haben, vielleicht auch *»Jesses, Maria, Josef! do hierode mer in en ärm Famillich!«* Kölsch als Sprache der Überlegenen! Verbürgt ist das Zitat weder in der einen noch in der anderen Spielart. Das erinnert an Vater Orfgen, der den Gästen in seiner Wirtschaft an der Luxemburger Straße gern erzählte, er sei einer der wenigen Überlebenden der Titanic (siehe Seite 82). Samy Orfgens Kommentar dazu: *»Also-t hätte durchaus möklich sein können. Er hätt et, ne – die Leute hamm dem dat geglaubt.«* Es wäre damit eine Frage des Glaubens.

Und es ist ja nun auch nicht vollständig ausgeschlossen, dass schon einmal ein charmanter Franzose ein kölsches *Mädche* zu einem Besuch im Zoo oder im Zelt eingeladen hätte – vielleicht nicht gerade zur napoleonischen Zeit, vielleicht auch nicht genau in Köln, aber wer weiß? Was wir allerdings – um auf die *Fisematenten* zurückzukommen – festhalten können: Einer der ältesten Belege für dieses Wort in der Bedeutung »Unsinn«, vielleicht der älteste Beleg überhaupt, lautet *visimetent,* ist für das Jahr 1499 überliefert und stammt aus Köln.

Anhang

Kartenverzeichnis

Alle Karten: Entwurf Georg Cornelissen; Kartografie LVR-Institut für Landeskunde und Regionalgeschichte, Bonn

Abbildungsnachweise

Seite 15 Simon Cornelissen, Bonn
Seite 27 Celia Körber-Leupold (†), Erftstadt
Seite 42 Verlagsarchiv
Seite 53 Hänneschen-Theater, Köln
Seite 79 art + bijou Dr. Fröhlich GmbH, Köln
Seite 85 ILR-Spracharchiv
Seite 97 Verlagsarchiv

Seite 101 ILR-Spracharchiv
Seite 117 Rheinisches Bildarchiv Köln, Nr. 017245
Seite 122 ILR-Spracharchiv
Seite 142 Schöning GmbH & Co. KG, Lübeck
Seite 147 ILR-Spracharchiv
Seite 154 Simon Cornelissen, Bonn
Seite 157 ILR-Spracharchiv
Seite 163 Klassik Stiftung Weimar, HAAB

Zitatnachweise

Wortbelege aus Wörterbüchern oder Fragebogen werden nicht einzeln nachgewiesen; ihre Schreibungen wurden gelegentlich stillschweigend verändert. Keine gesonderten Nachweise werden für die Zitate aus ILR-Fragebogen geführt. Für die Daten der Wenker-Fragebogen insgesamt: https://regionalsprache.de/Wenkerbogen/Katalog.aspx

Seite 14 »*Mer muß ech* (echt) *Kölsch*«: Wrede 2017, S. 913
Seite 23 »*HIR MAHT THU LERNAN*«: Kruse 1976, S. 165 (Schreibung verändert)
Seite 24 »Wie groß zu Beginn«: Eck 2004, S. 694
Seite 26 »Stadttor«/»vorzüglich Bezeichnung«: Wrede 2017, S. 729
Seite 29 »*In dem selven jair*«: Die Chroniken der niederrheinischen Städte. Cöln, Band 3, 1877/1968, S. 900 f.
Seite 31 »*Wilhelm Beeß, Schließer*«: Deeters/Helmrath 1996, S. 233 (bearbeitet von Michael Kaiser)
Seite 34 »*Halt faß an dinger Sproch*«: Wrede 2017, S. 915 (mit Weglassungen)
Seite 37 »ausgezeichnet gekleidet« usw.: Lützeler 2006, S. 90, 92
Seite 37 »der gern etwas Leckeres ißt«/»Freund u. Verehrer«: Wrede 2017, S. 843
Seite 40 »*Wat wohr Kodder*«: Hoffmann 1995, S. 283
Seite 41 »Bedingt durch den Vorbildcharakter«: Post 1985, S. 13

Seite 44 »*'ne Mann hatt zwey Sönn«*/»*Doh woohd häh kott«:* Bakker/Kruijsen 2013, S. 66f.

Seite 46 »Zerstreuung, Belustigung«: Hönig 1905, S. 34

Seite 49 »*Do hirohde mer«:* Hashagen 1917, S. 40

Seite 49 »In der von Frankreich«: Herres 2012, S. 6

Seite 51 »Noch schämte sich keiner«: Weyden 1862/1999, S. 114f.

Seite 52 »Polizist«/»Zackig, harsch«: http://www.haenneschen.de/28.html (letzter Zugriff: 20.3.2018)

Seite 52 »klassische Diktum des Bankiers«: Hashagen 1917, S. 40

Seite 52 »*Jesses, Maria, Josef!«:* Herres 2012, S. 42f.

Seite 55 »Wir Kinder sprachen natürlich«: Weyden 1862/1999, S. 113f.

Seite 56 »Geh, sei so gut und sag«: Niebaum/Macha 2006, S. 60

Seite 58 »In Umbildungen und Kontraktionen«: Weyden 1862/1999, S. 114

Seite 59 »Hörten wir Knaben«: Weyden 1862/1999, S. 115

Seite 59 »der in der Stadt selbst«/»die Unterhaltungssprache«: Müller 1912, S. 1

Seite 64 »Die Kölner Mundart«: Gath 1959, S. 5

Seite 67 »Gemüsebauer, Gemüsezüchter« usw.: Wrede 2017, S. 438

Seite 69 »Und in Köln mit denen«: Kreymann 1994, S. 230

Seite 70 »*Wer nom Jeld jefreit*« usw.: Hönig 1895, S. 49f., 107

Seite 74 »Während der ganzen Adventszeit«: Wrede 1922, S. 227

Seite 78 »*Et schmäät wie ze Kölle*« usw.: Kesternich 1994, S. 23–25 (Schreibung verändert)

Seite 80 »*Muss nitt de Omma*« usw.: Cornelissen 2005, S. 5f.

Seite 81 »*Nehmen Se de Menschen«:* Cornelissen 2005, S. 5

Seite 82 »*Der hatte hinten in der Küche«:* Bhatt/Lindlar 1998, Tonaufnahme 3/29, Verschriftungen S. 138f., 249

Seite 83 »*Meine Zuhörer und Zuhörerinnen*« usw.: Wocker/Meyer o. J. (CD)

Seite 86 »Bei einer Befragung« usw.: Express Köln, 25.4.1972

Seite 88 »eines der wenigen rheinischen Mundartwörter«: Honnen 2018, S. 255

Seite 88 »Knäuel, Gewirr«: Honnen 2018, S. 256

Seite 90 »Dabei wird für die Wortgeschichte«: Trübners Deutsches Wörterbuch, Band 4, 1943, S. 189 (Kursivierung GC)

Seite 90 »Das ist so«: Das große Köln-Lexikon 2008, S. 257
Seite 90 »der Knollen, die Knolle« usw.: Wrede 2017, S. 484
Seite 91 »Geflunker, Flunkerei«: Wrede 2017, S. 302
Seite 95 »*Altrüscher: Alles för'et Geld*« usw.: Euler-Schmidt 1991, S. 30f.
Seite 96 »Große ARD-Fernsehsitzung«/»Kölner Dreigestirn«: prisma. Wochenmagazin zur Zeitung 5/2005, S. 22
Seite 96 »*Et Parkett woodt freijejovve*«: Kölsche Funke 2007, S. 212
Seite 98 »Es ist wohl der Abgesang« usw.: Express Köln: https://www.express.de/koeln/jupp-menth-resigniert-schutzmann-spricht-kein-koelsch-mehr-in-der-buett-22302012 (vom 10.8.2015; letzter Zugriff: 29.5.2018)
Seite 100 »*Beim Leges emm Makay-Culeeg*«: Hunold/Drewes/Euler-Schmidt 2005, S. 122
Seite 100 »Uebrigens halten die Kölner«: Herres 2012, S. 391
Seite 102 »*Leeve Jung, jitz han ich mich*«: Kühn 1976, S. 5
Seite 103 »*Friedagovend*«: Flyer, zugleich: klaaf 2/2018, S. 19
Seite 105 »Einem hochgeehrten Publikum«: http://library.fes.de/luebeck/pdf/1906/1906-121.pdf (letzte Seite; letzter Zugriff: 10.7.2018; Grafik verändert)
Seite 106 »*Die Stroß, wo isch domols*«: Cornelissen 2017, S. 15
Seite 106 »Musikgruppe mit überregionaler Ausstrahlung«: Das große Köln-Lexikon 2008, S. 62
Seite 107 »Es konnte nicht gut gehen«/»Nun, die Band«: Oelsner 2010, S. 132f.
Seite 108 »Niemols. Uns haben«: Wochenende/Blickpunkt (Bad Godesberg), 14.6.2014
Seite 109 »Arsch huh – ist nach Prof. Dr. Adam Wrede«: Leserbrief im Kölner Stadt-Anzeiger, 17.12.1992
Seite 111 »*Ever sal der rait*«/»Weiterhin soll der Rat«: Herborn 2009, S. 23
Seite 115 »*Da könn se hundert Mal*«/»Tief-Steigend-Fallende Kontur«: Peters 2006, S. 271 (Schreibung verändert)
Seite 119 »*Ja, de eetste Schulldaach*«: Das rheinische Platt: Eine Bestandsaufnahme 1989, S. 272 (Verschriftung stark verändert)

Seite 129 »Kölsche Feierei«: https://www.koeln.de/koeln/was_ist_los/topevents/duennwalder-fruehling_1003344.html (letzter Zugriff: 10.7.2018)
Seite 133 »Gipfel der Kölschrocker« usw.: Express Köln, 12.10.2009
Seite 135 *»se sünd sik so liek«:* Schmachthagen 2014, S. 248
Seite 138 *»derheim«:* Bakker/Kruijsen 2013, S. 66
Seite 140 »Shoppen, Schunkeln und Verzällcher«: https://www.koeln.de/koeln/strassenfeste-in-koeln-2018_794465.html (letzter Zugriff: 29.6.2018)
Seite 145 »D'TECHNIK KÜTT« usw.: Wochenpost Solingen, 9.2.2016
Seite 146 »Heimweh nach Köln«/*»In Köln am Rhing«:* https://www.willi-ostermann.de/ueber-uns/hymne/unsere-hymne-heimweh-nach-koeln.html (letzter Zugriff: 13.7.2018)
Seite 148 »Frage: *Se han sich zick Johre*«: Kölner Stadt-Anzeiger: https://www.ksta.de/koeln/chorweiler/wilma-overbeck-koelsch-es-foer-mich-de-haetzenssproch--3992364 (vom 6.3.2013) (letzter Zugriff: 23.4.2018)
Seite 149 »Natürlich gibt es«/»Mit meinem Sohn«: Loy 2016, S. 180f.
Seite 150 »Abneigung« usw.: Böll 2014, S. 95 (Kursivierung GC)
Seite 151 »Alle Dialekte«: Hamburger Abendblatt, 22.3.2011
Seite 151 »Aber das wieder aufgebaute«: Böll 2014, S. 80
Seite 151 »eine kleine Hommage«, »an die fast schon«: Böll 2014, S. 264 (Kursivierung GC)
Seite 152 »Und als ich an die Grenze kam«/»Und als ich die deutsche Sprache vernahm«: Heine 1985, S. 91
Seite 153 »Das war ein großer Vortheil«: Heine 1982, S. 81
Seite 156 »Die wahre Heimath«: Briefe von Wilhelm von Humboldt 1847, S. 315
Seite 158 »unaufhörlich reden, schwätzen«: Wrede 2017, S. 878
Seite 158 »Lassen Sie sich«: http://www.koelnschnitt.de/team_ks.php (letzter Zugriff: 14.6.2018) (Kursivierung GC)
Seite 159 *»Mer schwaade kölsch!«:* Express Köln, 29.2.2016 (Kursivierung GC)
Seite 161 »ausflüchte«: Deutsches Wörterbuch, Band 9, Lieferung 3/4, 2002, Sp. 550

Seite 161 »unnütze Umstände«/»Ausflüchte«: Bhatt/Herrwegen 2009, S. 336

Seite 162 »it is ein viserunge«: Die Chroniken der niederrheinischen Städte. Cöln, Band 2, 1876/1968, S. 518. Das Original der Chronik weicht von der Ausgabe 1876/1877/1968 ab.

Seite 164 »van slechten hoerensagen«: Die Chroniken der niederrheinischen Städte. Cöln, Band 2, 1876/1968, S. 518. Das Original der Chronik weicht von der Ausgabe 1876/1877/1968 ab.

Literatur

Arsch huh, Zäng ussenander! Gegen Rassismus + Neonazis. Köln 1992

Bakker, Frens/Kruijsen, Joep: Rheinländische Dialekte unter Napoleon (1806–1808). In: Alltag im Rheinland 2013, S. 53–68

Beikircher, Konrad: Et kütt wie't kütt. Das rheinische Grundgesetz. Köln 2001.

Bhatt, Christa/Lindlar, Markus (Hrsg.): Alles Kölsch. Eine Dokumentation der aktuellen Stadtsprache in Köln. Bonn 1998 (mit 4 CDs)

Bhatt, Christa/Herrwegen, Alice: Das Kölsche Wörterbuch. Kölsche Wörter von A-Z. 3., überarb. und erw. Aufl. Köln 2009

Bhatt, Christa/Herrwegen, Alice/Reher, Caroline: Op Kölsch gesaht. 161 Anekdötcher en kölscher Sproch. Köln 2017 (3 CDs)

Böll, René: Heinrich Böll. »Köln gibt's schon, aber es ist ein Traum …«. Ein Autor und seine Stadt. Köln 2014

Briefe von Wilhelm von Humboldt an eine Freundin. Erster Theil. Mit einem Facsimile. Leipzig 1847.

Caspers, Peter: Op Kölsch. Das Wörterbuch. Kölsch – Hochdeutsch. Hochdeutsch – Kölsch. Köln 2006

Cornelissen, Georg: Rheinisches Deutsch. Wer spricht wie mit wem und warum. Köln ²2005

Ders.: Die Kölner Sprachgeschichte nach 1500 – Ergebnisse und Desiderate der Forschung. In: Karin/Ulivi/Wich-Reif 2015, S. 67–84

Ders.: Düsseldorfisch. Eine Stadt und ihre Sprache. Köln 2017

D'Hollander, Elisabeth: Eine sprachsoziologische Untersuchung im Kölner Raum. Licentiaatsverhandeling Katholieke Universiteit Leuven 1985/1986

Das große Köln-Lexikon. Hrsg. von Jürgen Wilhelm. Köln ²2008

Das rheinische Platt: Eine Bestandsaufnahme. Hrsg. von Georg Cornelissen/Peter Honnen/Fritz Langensiepen. Handbuch der rheinischen Mundarten, Teil 1: Texte. (Rheinische Mundarten, 2). Köln 1989 (mit Tonkassette)

Deeters, Joachim/Helmrath, Johannes (Hrsg.): Spätes Mittelalter und Frühe Neuzeit (1396–1794). Hrsg. im Auftrag des Fördervereins Geschichte in Köln e. V. von J. D. und J. H. in Zusammenarbeit mit Dorothee Rheker-Wunsch und Stefan Wunsch. (Quellen zur Geschichte der Stadt Köln, 2). Köln 1996

Dem Här zo Ihre. E kölsch Jebettboch. Hrsg. von Heribert A. Hilgers zusammen mit Alexander Friedrich/Heinrich Haas/Heinz Heger/Hans Kindgen/Gottfried Kirsch/Josef Metternich/Peter Richerzhagen. Köln ⁸1990

Deutsches Wörterbuch. Von Jakob Grimm und Wilhelm Grimm. Neubearbeitung, hrsg. von der Berlin-Brandenburgischen Akademie der Wissenschaften und der Akademie der Wissenschaften zu Göttingen, Band 9, Lieferung 3/4, Stuttgart 2002

Die Chroniken der niederrheinischen Städte. Cöln, Band 2 und 3. (Die Chroniken der deutschen Städte vom 14. bis ins 16. Jahrhundert, 13 und 14). Leipzig 1876 und 1877, Nachdruck Göttingen 1968

Driessen, Barbara/Driessen, Christoph: Köln. Eine Geschichte. Vom Urwald zur Millionenstadt. Köln 2015

Eck, Werner: Köln in römischer Zeit. Geschichte einer Stadt im Rahmen des Imperium Romanum. Mit einer Einführung in das Gesamtwerk von Hugo Stehkämper. (Geschichte der Stadt Köln, 1). Köln 2004

Eichhoff, Jürgen: Wortatlas der deutschen Umgangssprachen. Band 1–4. Bern/München 1977–2000

Euler-Schmidt, Michael: Kölner Maskenzüge 1823–1914. Köln 1991

Frings, Theodor: Sprache. In: Herrmann Aubin/Theodor Frings/Josef Müller: Kulturströmungen und Kulturprovinzen in den Rheinlanden. Bonn 1926, Nachdruck Darmstadt 1966, S. 94–189

Gath, Goswin Peter (= Schang vum Vugelsang): Kleines Wörterbuch der Kölner Mundart. Köln 1959

Greive, Artur: Französisches Kölsch. Kölsches Französisch. In: Universität im Rathaus. Veranstaltungen im akademischen Jahr 1992/93. Köln 1993, S. 69–84

Haarmann, Harald: Die Indoeuropäer. Herkunft, Sprachen, Kulturen. München ²2012

Hashagen, Justus: Die Rheinlande beim Abschlusse der französischen Fremdherrschaft. In: Die Rheinprovinz 1815–1915. Hundert Jahre preußischer Herrschaft am Rhein. Band 1, bearb. und hrsg. von Joseph Hansen. Bonn 1917, S. 1–56

Heine, Heinrich: Historisch-kritische Gesamtausgabe der Werke. Band 4: Atta Troll. Ein Sommernachtstraum. Deutschland. Ein Wintermärchen. Bearb. von Winfried Woesler. Hamburg 1985

Heine, Heinrich: Historisch-kritische Gesamtausgabe der Werke. Band 15: Geständnisse, Memoiren und Kleinere autobiographische Schriften. Bearb. von Gerd Heinemann. Hamburg 1982

Heinrichs, Heinrich Matthias: ›Wye grois dan dyn andait eff andacht ist…‹. Überlegungen zur Frage der sprachlichen Grundschicht im Mittelalter. In: Zeitschrift für Mundartforschung 28, 1961, 97–153

Herborn, Wolfgang: Die Geschichte der Kölner Fastnacht. Von den Anfängen bis 1600. Hildesheim/Zürich/New York 2009

Herres, Jürgen: Köln in preußischer Zeit. 1815–1871. (Geschichte der Stadt Köln, 9). Köln 2012

Herrwegen, Alice: De kölsche Sproch. Grammatik der kölschen Sprache. Köln ²2017

Hilgers, Heribert A.: Kölsch (Sprache). In: Das große Köln-Lexikon 2008, S. 277–279

Ders.: Alaaf! Ein Kölner Hochruf. Köln 2014

Hoffmann, Walter: Stadtkölnisch im 18. Jahrhundert? Sprachgeschichtliche Anmerkungen zu Texten des »Coellnischen Diogenes« Heinrich Lindenborn. In: José Cajot/Ludger Kremer/Hermann Niebaum (Hrsg.): Lingua Theodisca. Beiträge zur Sprach- und Literaturwissenschaft. Jan Goossens zum 65. Geburtstag. (Niederlande Studien, 16/1). Münster 1995, S. 283–290

Hoffmann, Walter/Mattheier, Klaus J.: Die Stadt in der neueren deutschen Sprachgeschichte III: Köln. In: Sprachgeschichte. Ein Handbuch zur Geschichte der deutschen Sprache und ihrer Erforschung. 3. Teilband. Hrsg. von Werner Besch u. a. (Handbücher zur Sprach- und Kommunikationswissenschaft, 2.3). 2., vollständig neu bearb. und erw. Aufl. Berlin/New York 2003, S. 2321–2340

Hönig, Fritz: Sprichwörter und Redensarten in Kölnischer Mundart. Gesammelt und hrsg. von F. H. Köln 1895, Reprint Vaduz 1988

Hönig, Fritz: Wörterbuch der Kölner Mundart. Hrsg. von seinen Freunden und Verehrern. Köln ²1905

Honnen, Peter: Wo kommt dat her? Herkunftswörterbuch der Umgangssprache an Rhein und Ruhr. Köln 2018

Hunold, Heinz-Günther/Drewes, Winfried/Euler-Schmidt, Michael (Hrsg.): Vom Stadtsoldaten zum Roten Funken. Militär und Karneval in Köln. Für die Kölsche Funke rut-wieß vun 1823 e. V. hrsg. von H-G. H., W. D. und M. E-S. unter Mitarbeit von Marcus Leifeld. Köln 2005

Jansen, Heiner/Ritter, Gert/Wiktorin, Dorothea/Weiss, Günther/Gohrbandt, Elisabeth (Hrsg.): Köln. Der historische Atlas. 2000 Jahre Stadtgeschichte in Karten und Bildern. Köln 2003

Janssen, Wilhelm: Kleine rheinische Geschichte. Düsseldorf 1997

Karin, Anna/Ulivi, Silvia/Wich-Reif, Claudia (Hrsg.): Regiolekt, Funktiolekt, Idiolekt: Die Stadt und ihre Sprachen. (Sprache in kulturellen Kontexten/Language in Cultural Contexts, 1). Göttingen 2015

Kemmerling, Frauke/Salchert, Monika: Mieh Hätz wie Holz. Neue Erkenntnisse, alte Tradition – immerwährende Sehnsucht. Köln 2002

Kesternich, Hermann Josef: Köln in Redensarten aus der Voreifel. Euskirchener, Münstereifeler und Mechernicher im Blick auf Köln: Nähe ohne Liebe. In: Alt-Köln 95, 1994, S. 22–25.

klaaf. Das kölsche Magazin 2/2018

Kölsche Fraulücksverzäll. Ein Auswahlband kölscher Mundartdichtung. (Beiträge zur kölnischen Geschichte. Sprache und Eigenart, 57) Köln 1976

Kölsche Funke rut-wieß vun 1823 e.V. (Hrsg.): Mer üvver uns 2007. Leederheff. Köln o. J.

König, Werner/Elspaß, Stephan/Möller, Robert: dtv-Atlas Deutsche Sprache. Mit 155 Abbildungsseiten in Farbe. Grafiker Hans-Joachim Paul. 18., durchgesehene und korrigierte Aufl. München 2015

Kreymann, Martin: Aktueller Sprachwandel im Rheinland. Empirische Studie im Rahmen des Erp-Projektes. (Rheinisches Archiv, 133). Köln/Weimar/Wien 1994

Kruse, Norbert: Die Kölner volkssprachige Überlieferung des 9. Jahrhunderts. Mit 7 Karten und 11 Abbildungen. (Rheinisches Archiv, 95). Bonn 1976

Kühn, Dieter: Op der Parkbank. Köln 1976

Lausberg, Helmut/Möller, Robert: Rheinischer Wortatlas. Bonn 2000

Lilliput Kölsch. Bearb. von Werner Drossard, Daniel Kölligan und Fritz Serzisko. Berlin/München 2006

Loy, Johannes (Hrsg.): Heimat ist nicht nur ein Ort ... Münster 2016

Lützeler, Heinrich: Philosophie des Kölner Humors/Kölner Humor in der Geschichte. Bonn ^{4}2006

Macha, Jürgen: Löst die Aufwertung des Dialekts die Probleme von Mundartsprechern? In: Volkskultur an Rhein und Maas 5, 1986, Nummer 3, S. 30–35

Macha, Jürgen/Neuß, Elmar/Peters, Robert (Hrsg.): Rheinisch-Westfälische Sprachgeschichte. Unter Mitarbeit von Stephan Elspaß. Köln/Weimar/Wien 2000

Matz, Reinhard/Vollmer, Wolfgang: Köln vor dem Krieg. Leben, Kultur, Stadt. 1880–1940. Köln 2012

Messboch op Kölsch. För Sonn- un Feerdäch et janze Johr üvver. Von Peter Caspers. Köln 2002

Möller, Robert: Beobachtungen zu Hermann Weinsbergs »gemischter« Sprache. In: Manfred Groten (Hrsg.): Hermann Weinsberg (1518–1597). Kölner Bürger und Ratsherr. Studien zu Leben und Werk, 253–273. (Beiträge zur Stadt- und Regionalgeschichte, 1). Köln 2005

Müller, Wilhelm: Untersuchungen zum Vokalismus der stadt- und landkölnischen Mundart. Diss. Bonn 1912

Nagel, Sarah: Koronalisierung: Ein bekanntes Phänomen mit unbekanntem Namen. Wenn isch spresche... In: Alltag im Rheinland 2013, S. 83–88

Niebaum, Hermann/Macha, Jürgen: Einführung in die Dialektologie des Deutschen. 2., neubearb. Aufl. Tübingen 2006

Nitt, Ingeborg (Hrsg.): Puute, Quös un Ströpp. Kölsche Pänz in kölscher Mundart. Köln 2008

Oelsner, Wolfgang: [Bläck Fööss]. In: Peter Feierabend (Hrsg.): Bläck Fööss. Et Wohrzeichen vun Kölle. Köln 2010, S. 132–133

Öhmann, Emil: Zur Kenntnis der französischen Bestandteile in den rheinischen Mundarten. (Suomalaisen Tiedeakatemian Toimituksia / Annales Academiae Scientiarum Fennicae, B 141,1). Helsinki 1965

Peters, Jörg: Intonation deutscher Regionalsprachen. (Linguistik – Impulse & Tendenzen, 21). Berlin / New York 2006

Post, Rudolf: Lehn- und Reliktwörter im Rheinland. (Geschichtlicher Atlas der Rheinlande, Beihefte X / 1). Köln 1985

Reinert-Schneider, Gabriele: Dialektrenaissance? Überlegungen und Analysen zu Funktionen der Substandardvarietäten in den Massenkommunikationsmitteln, untersucht am Beispiel des Kölner Raumes. Köln 1987

Reuter, Rudolf: Tünnes un Schäl us Köllen am Rhing. Ihre Lebensgeschichte und Erlebnisse, erforscht, gesammelt und aufgezeichnet von R. R. Köln 1975

Rheinisches Wörterbuch. Im Auftrag der Preußischen Akademie der Wissenschaften hrsg. und bearb. von Josef Müller u. a. Bonn / Berlin 1928–1971

Schmachthagen, Peter: Hamburger Wortschatz. Schnacks und Begriffe aus Stadt und Land. Hamburg 2014

Schwerdt, Judith: Die 2. Lautverschiebung. Wege zur ihrer Erforschung. (Jenaer Germanistische Forschungen, Neue Folge, 8). Heidelberg 2000.

Signon, Helmut: Alle Straßen führen durch Köln. Überarbeitet und aktualisiert von Klaus Schmidt. Köln 2006

Soumagne, Ludwig: Sargnääl möt Köpp. Gedichte im landkölnischen Dialekt. Krefeld 1981.

Sowinski, Bernhard: Lexikon deutschsprachiger Mundartautoren. Hildesheim / Zürich / New York 1997

Theis, Kerstin / Wilhelm, Jürgen (Hrsg.): Frankreich am Rhein. Die Spuren der »Franzosenzeit« im Westen Deutschlands. Köln 2009

Trübners Deutsches Wörterbuch. Im Auftrag der Arbeitsgemeinschaft für deutsche Wortforschung hrsg. von Alfred Götze. Vierter Band: I–N. Berlin 1943

Us Leev zom Herrjott. Jebett- und Jesangboch en kölscher Sproch. Von Peter Sistig unter Mitarbeit von Willi Reisdorf. Köln 1989

Wenker, Georg: Das rheinische Platt. Den Lehrern des Rheinlandes zugewidmet. Düsseldorf 1877

Weyden, Ernst: Köln am Rhein um 1810. Eingeleitet und hrsg. von Willy Leson. Köln 1862/^{2}1999

Wocker, Karl-Heinz/Meyer, Claus Heinrich: »Lernt Rheinisch mit Konrad Adenauer«. Nur echt mit dem Segen von Konrad Adenauer. Bad Honnef o. J. [CD].

Wrede, Adam: Rheinische Volkskunde. 2., verb. und verm. Aufl. Leipzig 1922.

Ders.: Neuer kölnischer Sprachschatz. Mit einem Vorwort von Wolfgang Niedecken. 14. Aufl. und Neuausgabe in einem Band. Köln 2017

Internetadressen (letzter Zugriff am 17.9.2018)

http://www.rheinische-landeskunde.lvr.de/de/sprache/sprache_1.html

Auf der Homepage des LVR-Instituts für Landeskunde und Regionalgeschichte findet sich unter dieser Adresse ein Wissensportal zur Sprache im Rheinland. Dazu gehören auch das Rheinische Mitmachwörterbuch und die Sprechende Sprachkarte.

https://regionalsprache.de/Wenkerbogen/Katalog.aspx

Das Forschungszentrum Deutscher Sprachatlas in Marburg hat die Wenker-Fragebogen aus dem 19. Jahrhundert online gestellt. Daraus wird im vorliegenden Buch wiederholt zitiert.

https://www.koelsch-akademie.de/

Die Akademie för uns kölsche Sproch berichtet hier unter anderem über laufende Projekte und präsentiert eine Kölsche Liedersammlung.

http://www.opkoelschgesaht.de/Downloads/Op_Koelsch_gesaht.pdf

Homepage für das 2017 abgeschlossene Projekt »Op Kölsch gesaht«; siehe dazu im Literaturverzeichnis auch Bhatt/Herrwegen/Reher 2017.

Personenregister

Dank

In Köln habe ich vielen zu danken, nicht zuletzt den Kölschsprechern und Kölschsprecherinnen, die im Laufe der Jahrzehnte unsere Sprachfragebogen ausgefüllt, und all den Menschen, die sich für Interviews Zeit genommen haben. Ihre Unterstützung war und ist für unser Institut von großer Bedeutung! Mein Dank geht an die Mitarbeitenden der Akademie för uns kölsche Sproch, namentlich nennen möchte ich Prof. Hans-Georg Bögner, Christa Bhatt, Alice Herrwegen und Ingeborg Nitt, deren Hinweise mir wiederholt geholfen haben. Aus unterschiedlichen Gründen bedanke ich mich ferner bei Manfred Grimm, Ursula Jünger (der früheren Vorsitzenden des Heimatvereins Alt-Köln) und Wolfgang Oelsner.

In Bonn – und das heißt: im LVR-Institut für Landeskunde und Regionalgeschichte – haben viele meine Köln-Projekte unterstützt, sei es durch die Erhebung von Material und durch seine Auswertung, sei es durch die Zeichnung der Karten, durch die Eingabe von Texten oder durch den fachlichen Austausch; nennen möchte ich Sandra Giesel, Peter Honnen, Pascal Kornatz, Tim Könenberg, Janine Overmann, Charlotte Rein, Martina Schaper, Helene Schullenberg, Angelika Uhe, Esther Weiss und Barbara Wessel. Mein besonderer Dank geht an Sarah Puckert für ihre Unterstützung in den letzten Monaten. Last but not least möchte ich mich bei Simon für seine beiden Fotos bedanken.